LOW FAT 30

ASIAN FOOD

MONIKA BRENZ-RICKERT (HRSG.)

LOW FAT 30

ASIAN FOOD

FALKEN

Inhalt

Die LOW FETT 30-Idee

Fett macht fett

Wissen Sie, was die asiatische Küche der amerikanischen voraus hat? Obwohl in Asien kalorienreicher gegessen wird, sind Figurprobleme und Übergewicht dort eher die Ausnahme.

Die Erklärung ist ganz einfach: Die Kalorien, die die Amerikaner (und auch die Deutschen) zu sich nehmen, stammen vorwiegend vom Fett. Wir lieben es, die Butter dick aufs Brot zu streichen, die fettreiche Sauce noch mit einem Schuss Sahne zu verfeinern und die Kartoffeln schmecken uns frittiert auch viel besser als gekocht. Chinesen und Japaner, meist schlank und rank, essen vergleichsweise wenig Fett, also LOW FETT 30. Bei asiatischen Gerichten stammen nur etwa 15% der Energiezufuhr vom Fett, der Rest wird von den Kohlenhydraten und Eiweißen geliefert. Das sind die große Portion Reis, viel frisches Gemüse und mageres Fleisch.

Auch neue wissenschaftliche Studien belegen, dass dicke Menschen nicht unbedingt mehr Kalorien zu sich nehmen, sondern einfach nur viel Fett im Vergleich zu den anderen Nährstoffen, den Kohlenhydraten und den Eiweißen.

Für Ärzte und Ernährungswissenschaftler ist es längst kein Geheimnis mehr: Fett macht fett und sogar krank. Es lagert sich als Depot für schlechte Zeiten an Hüften, Bauch und Po an, es macht uns schlapp und träge. Zu viel Fett erhöht sogar das Risiko an Diabetes, Arteriosklerose, Bluthochdruck, Schlaganfall und Herzinfarkt zu erkranken. Mediziner fanden heraus, dass es in Asien diese Krankheiten viel seltener gegeben hat als in den westlichen Industriestaaten und, dass die Herz-Kreislauf-Erkrankungen in dem Maße zunehmen, wie auch in Asien immer mehr „westlich" gegessen wird.

Fazit: Jedes Lebensmittel oder jedes Gericht, das wenig Fettkalorien enthält, ist gut für Figur und Gesundheit.

Was bedeutet LOW FETT 30?

LOW FETT 30 ist keine Diät im üblichen Sinn. Sie essen weiterhin was Ihnen schmeckt, es sollte lediglich fettarm sein.

Durch eine Umgewöhnung, die Schritt für Schritt vor sich geht, verändern Sie Ihre Ernährung so, dass die Nahrung reich an sättigenden Kohlenhydraten ist und nur wenig Fett enthält. Maximal 30% der Kalorien, die Sie täglich mit der Nahrung aufnehmen, dürfen aus Fett stammen. Die restlichen Kalorien sollten hauptsächlich in Form von Kohlenhydraten zugeführt werden. Wenn Sie diese einfache Regel berücksichtigen, erhalten Sie ganz nebenbei Ihre Wohlfühlfigur.

LOW FETT 30 hilft Ihnen, ohne Kalorienzählen die geeigneten Lebensmittel einfach und schnell auszuwählen.

In diesem FALKEN Buch finden Sie raffinierte Rezepte, die zwar weniger Fett, aber umso mehr Geschmack haben. Und sie sind überdies leichter verdaulich, liegen also nicht so schwer im Magen. Wer sich an LOW FETT 30 hält, isst gesund, bleibt fit und schlank. Probieren Sie es aus. Diese Art zu essen sättigt und macht glücklich. Erleben Sie, wie gut fettarmes Essen schmeckt.

Nährstoffe
– unsere Energiequellen

„Wie kann ich einer Sache gegenüber gleichgültig sein, die Teil meines Körpers wird?", fragte einstmals ein chinesischer Weiser. Wenn Sie mehr darüber wissen, wie unser Körper die ihm angebotenen Nährstoffe weiterverarbeitet, werden Sie verstehen, warum jeder leicht abnehmen und sich dabei gleichzeitig wohl fühlen kann.

Ein Auto benötigt Benzin, um überhaupt fahren zu können. Genauso benötigt der menschliche Körper energieliefernde Treibstoffe. Jene Energie liefern uns die drei Nährstoffe Fette, Kohlenhydrate und Eiweiße. Zusätzlich tragen Vitamine, Mineralstoffe, Spurenelemente, bioaktive Pflanzenstoffe und Wasser dazu bei, dass alle Vorgänge im Körper reibungslos funktionieren. Mithilfe der Energie, die unser Körper aus der Nahrung gewinnt, können wir körperlich arbeiten, Sport treiben oder schlicht Zeitung lesen.

Kohlenhydrate

Kohlenhydratreiche Lebensmittel sind beispielsweise Brot, Reis, Kartoffeln und Nudeln. Unser Körper speichert überschüssige Kohlenhydrate als Energiereserve. Wie in einer Speisekammer werden Sie als Vorrat angelegt: und zwar im Blut in Form von Zucker (Glucose) und in der Leber sowie in den Muskeln in Form von Glykogen. Jeder, der Sport treibt und dabei diese beiden Reserven aufbraucht, merkt, dass sich sehr schnell wieder Hunger einstellt.

Übrigens sind unsere Kohlenhydratspeicher ein Grund dafür, dass bei kurzfristigen Diäten die Fettpolster zunächst überhaupt nicht angegriffen werden.

Eiweiße

Aus dem zweiten Nährstoff, dem Eiweiß, baut unser Körper vor allem Muskeln aber auch andere Gewebe auf. Daneben ist es Baustein für Enzyme, Hormone, Antikörper und vieles mehr. Der größte Teil des Körpereiweißes ist in den Muskeln gespeichert, der Rest in den anderen Organen und im Blut. Etwa 100 g Eiweiß werden ständig über das Blut zu den Orten unseres Körpers transportiert, wo sie benötigt werden.

Große Mengen Eiweiß enthalten die in der asiatischen Küche verwendeten Nahrungsmittel Fisch, Käse, Jogurt, Soja, Erbsen und Erdnüsse. Aber auch Eier, Kartoffeln, Reis oder Getreide sowie Nüsse und Saaten sind wertvolle Eiweißlieferanten. Zu viel Eiweiß macht selten dick. Denn es muss sehr aufwändig, ähnlich wie die Kohlenhydrate, in Fett umgebaut werden. Stattdessen verbrennt unser Körper das überschüssige Eiweiß zu Energie. Eine eiweißreiche Kost belastet aber die Nieren. Eiweißreiche Lebensmittel enthalten oft auch noch sehr viel Fett (beispielsweise Fleisch, Wurst, Käse und Nüsse). Demgegenüber stellt LOW FETT 30 mit mageren tierischen und pflanzlichen Eiweißträgern, eine Ernährung dar, die die richtige Eiweißmenge liefert.

Fette

Eine gewisse Menge Fett in der Nahrung ist unerlässlich. Wir brauchen es als Träger fettlöslicher Vitamine und essenzieller Fettsäuren. Außerdem wird es benötigt zur Polsterung innerer Organe, für die Bildung zahlreicher Hormone, für den Aufbau unserer Nerven und für andere wichtige Aufgaben unseres Körpers. Fett liefert uns sehr viel Energie und dient gleichzeitig auch als Energiespeicher für Notzeiten. Diese geballte Energie ist für schwer körperlich arbeitende Menschen sinnvoll, da sie in kurzer Zeit viel davon verbrauchen. Dagegen lagert sich bei Personen mit sitzender Tätigkeit zu viel durch Fett aufgenommene Energie als Depotfett für kommende Notzeiten ein.

Aber: Fett ist nicht gleich Fett. Es gibt Fettarten, die als eher günstig für den Körper eingestuft werden und welche, die eher ungünstig wirken.

Fette bestehen aus gesättigten, einfach ungesättigten und mehrfach ungesättigten Fettsäuren. Grundsätzlich günstig sind Fette mit möglichst viel einfach- und mehrfach ungesättigten Fettsäuren. Das sind alle pflanzlichen Öle, wie zum Beispiel Distel-, Sonnenblumen- oder Maiskeimöl.

Fette tierischer Herkunft liefern überwiegend gesättigte Fettsäuren, die zu einem hohen Blutfettspiegel beitragen und damit Herz-Kreislauf-Erkrankungen durch Verengung der Arterien (Arteriosklerose) begünstigen können. Ausnahmen bestätigen die Regel, so auch hier: Fischöl, obwohl ein tierisches Fett, ist reich an günstigen Fettsäuren; Kokosfett, wenngleich ein Pflanzenfett, besteht vorwiegend aus ungünstigen gesättigten Fettsäuren.

Dennoch gilt weiterhin die Grundregel: Wichtiger fürs Wohlfühlgewicht ist zuerst die Menge des Fettes, die wir zu uns nehmen. Wer die günstigen Fette bevorzugt, verwöhnt zusätzlich seinen Körper. Er wird es Ihnen mit Wohlbefinden, Gesundheit und schöner Haut danken.

Übergewicht: Definition – Entstehung – Ursachen

Medizinisch gesehen ist Übergewicht eine über das normale Maß hinausgehende Erhöhung der Körpermasse bzw. der Körperfettmasse. Oder anders ausgedrückt: Personen, die zu viel wiegen – vor allem durch zu viel Körperfett – haben Übergewicht.

Was bedeutet Wohlfühlgewicht?

Früher bestimmte man das Normalgewicht mithilfe des so genannten Broca-Index (Körpergröße in cm minus 100 = Normalgewicht in kg). Ein neuer Bewertungsschlüssel ist der Body-Mass-Index (BMI). Er berücksichtigt nicht nur die Körpergröße, sondern auch die Statur jedes Einzelnen. In einer altersabhängigen Zahlentabelle kann jeder seinen wünschenswerten BMI-Wert ablesen:

Altersgruppe (in Jahren)	wünschenswerter BMI
19 – 24 Jahre	19 – 24
24 – 34 Jahre	20 – 25
35 – 44 Jahre	21 – 26
45 – 54 Jahre	22 – 27
55 – 65 Jahre	23 – 28
> 65 Jahre	24 – 29

Und so berechnen Sie Ihren persönlichen Body-Mass-Index (BMI):

$$BMI = \frac{Körpergewicht\ (kg)}{(Körpergröße\ (m))^2}$$

Beispiel: Ein Mensch ist 37 Jahre alt, 1,65 m groß und wiegt 67 kg:

$$BMI = \frac{67}{1,65 \times 1,65} = 24,6$$

Der optimale BMI für die Altersgruppe der 35- bis 44-Jährigen liegt zwischen 21 und 26. Innerhalb des wünschenswerten Bereiches (Normalgewicht) liegt unser so genanntes Wohlfühlgewicht. Alles was darüber liegt wird Übergewicht genannt.

Ab einem BMI von mehr als 30 sprechen Fachleute von Fettsucht (Adipositas). Wenn Ihr BMI im wünschenswerten Bereich liegt und Sie sich dennoch nicht wohl fühlen, dann könnte ein zu hoher Anteil an Körperfett die Ursache sein. Aufschluss darüber, ob Sie zu viel Körperfett besitzen, gibt Ihnen letztendlich nur die Messung des Körperfettanteils, nicht Ihre Waage. Fachleute und Ernährungsspezialisten in Arzt- und Ernährungsberatungspraxen sowie in Fitnessstudios, verfügen über entsprechende Geräte, um den Körperfettanteil zu messen. Fragen Sie dort einfach nach.

Kalorie ist nicht gleich Kalorie

Schuld am Übergewicht ist zunächst einmal eine unausgeglichene Energiebilanz. Das bedeutet: Sie nehmen mehr Kalorien zu sich, als Ihr Körper wieder verbraucht. Die überschüssige Energie wird im Fettgewebe gespeichert. Wie stark die Fettpölsterchen dabei anwachsen, hängt jedoch auch davon ab, in welcher Form Sie die Kalorien aufnehmen.

Kalorie ist nämlich nicht gleich Kalorie. Um Kohlenhydrate in Fett umzuwandeln muss unser Körper erst einmal viel Energie aufwenden. Im Gegensatz dazu wird überschüssiges Nahrungsfett fast ohne „Verluste" als Depotfett angelegt. Für Sie bedeutet das praktisch: Ist Ihr Körper schon ausreichend mit Energie versorgt, nehmen Sie von einer Fettkalorie mehr zu als von einer Kohlenhydratkalorie.

Und außerdem: Ein Gramm Kohlenhydrate und ein Gramm Eiweiße liefern jeweils etwa 4 Kalorien. Ein Gramm Fett dagegen liefert mehr als doppelt so viel Energie, nämlich etwa 9 Kalorien. Auch deshalb ist es wichtig, möglichst wenig Fett zu essen.

Haben Sie schon einmal darüber nachgedacht, wie viel Fett Sie täglich essen? Mit großer Wahrscheinlichkeit gehören auch Sie zu der Gruppe von Personen, die im Durchschnitt mehr als 100 g Fett am Tag essen.

Wussten Sie, dass fünf Scheiben Salami bereits etwa die Hälfte unseres täglichen Fettbedarfs abdecken? Wenn Sie jeden Tag nur 20 g Fett – steckt etwa in einer halben Tafel Schokolade oder in 1–2 Esslöffeln Öl – zu viel essen, sind das im Monat bereits mehr als ein Pfund und über ein Jahr gesehen bereits über 7 Kilogramm Fett zu viel.

Viele unserer Lieblingsspeisen sind sehr fettreich: Dazu gehören Pommes frites, fette Wurst- und Käsesorten, Sahne- und Buttercremetorten, Rührkuchen und Gebäck, aber auch die Butter fürs Brot, das Salatöl oder das Fett zum Braten.

Auch hungern macht fett

Die zweithäufigste Ursache für Übergewicht und einen zu hohen Körperfettanteil sind die vielen Schlankheitsdiäten. Sie erzielen nur kurzfristige Erfolge. Die Gewichtsabnahme beruht vorwiegend auf

dem Verlust an Wasser und Muskelmasse. Kurz nach der Diät lagert der Körper aber noch mehr Fett ein als zuvor und das Gewicht klettert wieder so hoch, dass man sich zur nächsten Schlankheitskur gezwungen sieht. Ein Teufelskreis beginnt: abnehmen – zunehmen – abnehmen. Der so genannte Jojo-Effekt.

Die Ursache für dieses Dilemma liegt weit zurück. Der menschliche Körper ist seit Jahrtausenden trainiert, für Notzeiten gerüstet zu sein. Nahrungsreserven werden in Form von Fett gespeichert. Diese Fettreserven werden aber in Hungerperioden geschont, da der Energieverbrauch des Körpers sinkt. Bei einer Diät geschieht das Gleiche. Kalorien werden eingespart und wir kommen mit weniger Nahrung aus. Das Resultat: Nach einigen Wochen nehmen wir nicht weiter ab, der Körper hat sich auf weniger Nahrung eingestellt. Nach der Diät nehmen wir zwangsläufig wieder zu. Der Energieverbrauch läuft ja noch auf Sparflamme.

Die Zunahme erfolgt sogar von Mal zu Mal schneller. Nicht genug, dass das Gewicht immer weiter steigt, auch der Fettanteil vergrößert sich. Denn während der Diät gehen hauptsächlich Muskelmasse und Wasser verloren.

Abnehmen mit LOW FETT 30

Japaner und Chinesen machen es uns vor. Sie essen fettarm und sind deshalb meist schlanker als wir. Versuchen darum auch Sie das asiatische Erfolgsrezept nachzuahmen und achten Sie von heute an auf die richtige Menge Fett in Ihrer Nahrung. Wenn Sie Ihr Gewicht halten wollen, sind 60–80 g Fett genug. Um abzunehmen, sollten es nicht mehr als 40–60 g sein.

LOW FETT 30 zeigt Ihnen, wie Sie Ihr Ziel ganz leicht erreichen können. Der Clou dabei ist: Sie brauchen nicht erst umständlich die täglich aufgenommene Fettmenge zu berechnen. Wenn Sie ausschließlich Lebensmittel wählen, die LOW FETT 30 sind, ernähren Sie sich automatisch fettarm. Denn diese liefern maximal 30% der Kalorien in Form von Fett.

Die LOW FETT 30-Tabelle auf den letzten Seiten dieses Buches bietet Ihnen eine große Auswahl an fettarmen asiatischen Lebensmitteln und Gerichten. Suchen Sie sich davon Ihre Favoriten aus und genießen Sie zukünftig jene Lieblingsspeisen so oft Sie wollen. Mit LOW FETT 30 können Sie sich satt essen und trotzdem abnehmen.

> *Die auf vielen Lebensmittelpackungen angegebenen Prozentwerte beziehen sich auf das Gewicht: z. B., wie viel Gramm Fett sind enthalten pro 100 g des Produktes. Diese Gewichtsprozent-Angabe dürfen Sie nicht mit den Fettkalorienprozenten in der LOW FETT 30-Tabelle verwechseln!*

Im Rezeptteil dieses Buches finden Sie viele LOW FETT 30-Rezepte, die Ihren Speiseplan bereichern werden.

So berechnen Sie die Fettkalorien

Die Fettkalorien jedes Lebensmittels können Sie ganz einfach selbst berechnen. Sie benötigen dazu lediglich dessen Kalorien- und Fettgehalt pro 100 Gramm. Beides finden Sie auf den Lebensmittelverpackungen. Außerdem müssen Sie noch wissen, dass 1 g Fett 9 Kalorien liefert. Die Formel lautet:

$$\frac{\text{Fettgehalt in g pro 100 g} \times 9 \times 100}{\text{Kaloriengehalt in kcal pro 100 g}} = \%\ \text{Fettkalorien}$$

Vollmilch hat beispielsweise 68 Kalorien pro 100 g und 3,8 g Fett. Der Fettkaloriengehalt berechnet sich dann folgendermaßen:

$$\frac{3,8 \times 9 \times 100}{68} = 50,3\% \text{ Fettkalorien}$$

Fettarme Milch hingegen hat nur 47 kcal pro 100 g und 1,5 g Fett. Ihr Fettkaloriengehalt lautet:

$$\frac{1,5 \times 9 \times 100}{47} = 28,7\% \text{ Fettkalorien}$$

Fettarme Milch ist also LOW FETT 30 und deshalb der Vollmilch vorzuziehen. Lebensmittel, die weniger Fett enthalten, sind nicht ärmer an Vitaminen oder an Mineralstoffen. Oftmals enthalten sie sogar mehr davon. Obwohl Sie Ihrem Köprer also weniger Kalorien zuführen, liefern Sie ihm mehr Vitamine, Mineralstoffe, Ballaststoffe und wichtige bioaktive Substanzen. Kurz gesagt: Mit LOW FETT 30 essen Sie leichter, gesünder und werden satt.

In wissenschaftlichen Studien hat sich gezeigt, dass Brot besser sättigt als Butter. Außerdem hat die Butter auf dem Brot schnell genauso viel Kalorien wie die ganze Brotscheibe. Oder vier Esslöffel Öl haben genauso viel Kalorien wie ein ganzes Kilo Gurken!

Essen Sie bevorzugt Lebensmittel, die viel Kohlenhydrate enthalten. Sie sättigen anhaltender und machen nicht träge. Dazu gehören Brot, Reis, Kartoffeln, Nudeln und Getreide. Außerdem dürfen Sie bei Gemüse und Obst zugreifen. LOW FETT 30 bietet Ihnen die Chance, ohne zu hungern abzunehmen. Sie können alles essen, es kommt eben nur auf die Fettmenge an.

„Erfolgsrezept Wohlfühlgewicht"

Damit Ihr „Erfolgsrezept Wohlfühlgewicht" gelingt, benötigen Sie neben wenig Fett und viel Kohlenhydraten auch eine gute Portion Bewegung. Dreimal die Woche eine größere Dosis Ausdauersport wie Schwimmen, Rad fahren, Tanzen oder Ähnliches wirken Wunder. Würzen Sie das Ganze täglich mit mehreren Prisen Alltagsbewegung, wie Spazieren gehen, Treppen steigen oder Gartenarbeit. Bereiten Sie alles mit viel Spaß zu. Als wöchentliches Menü genossen, trägt dies vorzüglich zu Ihrer Gesundheit, Zufriedenheit, guten Laune und Fitness bei.

Tipps aus der Praxis

*Fettarme Brotaufstriche

Ersetzen Sie die Margarine oder Butter auf dem Brot einfach durch einen fettarmen Streichkäse oder durch Tomatenmark. Probieren Sie auch mal Sojaquark, körnigen Frischkäse, asiatische Dips oder Gemüse- und Getreideaufstriche aus. Saftig und frisch schmecken zusammengeklappte Brote mit frischem Gemüse, Salat oder milchsauer eingelegtem Gemüse (Mixedpickles).

*Der kleine Hunger zwischendurch

Geeignet sind Laugenstangen, Müslistangen, Vollkornbrötchen, Fladenbrote, Obst- und Gemüsestücke mit einem leichten Dip, Müsli, Jogurt und Quark mit Obst. Ab und zu darf es auch ein Vollkornkeks sein.

* Knackiger Salat braucht nur wenig Öl

Messen Sie Ihr Öl und Fett mit einem Löffel genau ab. Mit einem Esslöffel Salatöl haben Sie bereits ein Viertel der maximal empfohlenen Fettmenge erreicht.

Das Gleiche gilt für Nüsse, Samen und Kerne, die viel Fett enthalten. Einfach fein hacken, dann reicht oft weniger als die Hälfte zum Garnieren von Suppen, Salaten und Gemüse.

* Garen im Wok

Grillen oder dünsten Sie Fleisch, Fisch und Gemüse. Wer beschichtete Pfannen verwendet, kann auch beim Braten viel Fett sparen. Wenn es unbedingt paniert oder frittiert sein soll, dann lassen Sie die Speisen nach dem dem Frittieren auf Küchenpapier gut abtropfen.

Ideal für eine fettarme Zubereitung ist auch der Wok. Hier werden die Speisen sehr schnell und bei großer Hitze gegart. Für die asiatische Kochkunst sind außerdem Mongolentopf und Cataplan, die portugiesische Variante des Woks, sehr gut geeignet.

* Leichte Saucengrundlagen

In der asiatischen Küche gibt es an sich keine auf Schmor- oder Bratenfonds basierenden Saucen. Wenn Sie dennoch ein Bratensaucenliebhaber sind, verwenden Sie als Grundlage nicht die fettige Flüssigkeit, die während des Grillvorgangs in der Fettpfanne aufgefangen wird. Probieren Sie stattdessen gedünstetes, püriertes Gemüse, Gemüsebrühe oder klaren Bratensaft (z. B. instant). Für helle Saucen eignen sich sehr gut Sojadrink oder -creme und Reisdrink (aus dem Naturkostladen oder Reformhaus).

Fett sparen durch Alternativen

statt	besser
Streichfette	
Butter, Margarine	Halbfettbutter/-margarine,
	allgm.: fettarmer Streichkäse, -rahm,
	Quark, Tomatenmark
Fleisch- und Wurstwaren	
diverse Sorten Schnittwurst	gekochter Schinken, Lachsschinken,
(z. B. Salami)	Kasseler, Corned Beef
Würste am Stück/Streichwürste	Geflügelfleisch, -brust, -wurst (z. B. Truthahn)
Schweine- oder gemischtes Hackfleisch	Rinderhackfleisch, Tatar, Sojahack,
Bratwurst	Geflügelbratwurst, Sojabratwurst/-bratlinge
Speck zum Kochen	fettarme Salami (Rinder-, Geflügelsalami)
	allg.: vegetarische Aufstriche, Fischgerichte
Milch und Milchprodukte	
Milch, Jogurt, Dickmilch 3,5% Fett	Milch, Jogurt, Kefir bis 1,5% Fett
Kondensmilch 4% Fett	Milch bis 1,5% Fett
Kondensmilch 10–12% Fett	Kondensmilch bis 4% Fett
Speisequark 20%, 40% Fett	Speisequark Magerstufe
Schlagsahne in Müsli und Frischkornbrei	Milch 1,5% Fett, Buttermilch oder Fruchtsaft
Schlagsahne, Crème fraîche	saure Sahne bis 10% Fett
Schlagsahne in Aufläufen und Saucen	die halbe Menge durch Milch, 1,5% Fett
(bei Mengen von mehr als 1–2 Esslöffeln)	ersetzen (Sauce aus Gemüsebrühe und
	Schmelzkäse)
Majonäse	fettreduzierte Majonäse,
	Buttermilch-, Essig-Öl-, Jogurtdressing
Käse	
diverse Sorten Schnittkäse (z. B. Gouda)	fettarmer Schnittkäse bis 17% Fett absolut
diverse Sorten Weichkäse	Camembert oder Weichkäse bis 14% Fett
	absolut
Schmelzkäse	Schmelzkäse bis 11% Fett absolut

Fett sparen durch Alternativen

statt	besser
Käse	
Frischkäse	fettarmer Frischkäse bis 8% Fett absolut
	allg.: Kräuterquark, vegetarische Aufstriche
zum Binden	
Schmand 24% Fett absolut	saure Sahne bis 10% Fett absolut
Ei (bei Fleischteig oder Hefeteig)	Magerquark, Hefeflocken
Ei (für Saucen oder Suppen)	Hefeflocken, Haferkleieflocken, Kartoffel-mehl
Sahne (für Tortenfüllungen)	Magerquark mit Jogurt und Gelatine
Salate und Fertiggerichte	
fettreiche Feinkostsalate	fettarme Feinkostsalate (weniger 30% Fett)
fettreiche Fertiggerichte	Fertiggerichte mit maximal 30% Fettkalorien (siehe LOW FETT 30-Tabelle oder Nährwertangaben)
Kuchen und Kleingebäck	
Rührkuchen, Sahne-, Buttercremtorten	Obstkuchen mit Hefe-, Biskuit-, Quark-Öl-Teig
Croissants, Butterhörnchen, Blätterteiggebäck	Hefehörnchen, Knusper-, Müslistangen
Süße und salzige Knabberartikel	
Kekse z. B. Butterkeks oder mit Schokolade	Knusperstangen, Obst, Fruchtgummi,
Schokolade/Schokoladenriegel	Lakritze, Fruchtbonbons,
Kartoffelchips, Nüsse aller Art	Salzstangen oder -brezeln, gebackene Chips, knackige Gemüsestücke mit Quarkdip
Eis	
Eiscreme (Kugeln), Milcheiscreme	Fruchteis (Kugeln)
fertige Einzelpackungen (z. B. Magnum, Nogger)	Fruchteistüte (z. B. Cornetto Erdbeer, bottermelk fresh)

*Fettfrei Saucen binden

Sparen Sie, besonders wenn sie auswärts essen, an hellen Saucen und Fertig-Dressings. Fast alle Saucen – auch Light-Produkte – enthalten reichlich Fett. Bevorzugen Sie selbst zubereitete Saucen aus Tomaten oder anderem püriertem Gemüse. Dabei ist es praktisch, das Gemüsepüree auf Vorrat in Eiswürfelbehälter einzufrieren, so kann es bei Bedarf portionsweise entnommen werden.

Wenn Sie dickere Saucen bevorzugen, können Sie diese mit Kartoffelpüreeflocken, Stärke oder Johannisbrotkernmehl (Biobin) fett- und kalorienarm sowie schmackhaft binden.

* Fondue einmal anders

Probieren Sie einmal ein typisch asiatisches Fondue (chin. Feuertopf) mit Gemüse, Fisch und anderen leckeren Meeresfrüchten. Die einzelnen Zutaten können Sie mittels Fonduestäbchen oder in spezielle Drahtsiebchen gefüllt in einer Gemüse- oder Fischbrühe gar ziehen lassen.

* Einkaufstipps

1. Legen Sie sich daheim eine Liste an, auf der alle Lebensmittel stehen, die Sie für die fettarme asiatische Küche regelmäßig benötigen.
2. Meiden Sie Lebensmittel, bei denen unter den ersten drei Zutaten die Angabe „Fett" (z. B. gehärtetes, ungehärtetes, tierisches, pflanzliches Fett, Milchfett) erscheint. Eine Ausnahme sind alle hochwertigen pflanzlichen Öle, die Sie in kleinen Mengen zum Wok-Braten oder für Salate verwenden.

*„Light" heißt nicht unbedingt „fettreduziert"

Vorsicht bei Light- oder Diät-Produkten: die Begriffe „Light" oder „Diät" auf der Verpackung sagen nicht immer etwas über den Fettkaloriengehalt aus. Auf einem Mineralwasser kann zum Beispiel „Light" stehen, weil es weniger Kohlensäure als das übliche Produkt hat. Vielfach sind Light-Produkte Lebensmittel, die in der üblichen Rezeptur bereits sehr viele Fettkalorien liefern. Auch in der erleichterten Variante enthalten Sie meistens noch eine Menge Fett. Sicherer ist die Angabe „fettreduziert" oder „x-% (z. B. 40%) weniger Fett".

*Absolut ist nicht Prozent

Bei Käse ist die Angabe „% Fett in der Trockenmasse" (F.i.Tr.) üblich. Aber das ist nicht der absolute Fettgehalt (g Fett in 100 g des Lebensmittels). Den ermitteln Sie folgendermaßen: multiplizieren Sie die Angabe Fett in Trockenmasse für Frischkäse mit dem Faktor 0,3; für Weichkäse mit 0,5; für Schnittkäse mit 0,6; für Hartkäse mit 0,7.

Reis auf asiatisch

Den meist kurzkörnigen asiatischen Reis in kaltem Wasser (gesalzen oder ungesalzen) aufsetzen, kurz aufkochen lassen und bei geringer Hitze etwa 20 Minuten garen. Während dieser Zeit sollte der Topf gut geschlossen bleiben. Den fertigen Reis bei geöffnetem Deckel einige Minuten abdampfen lassen. Am besten schmeckt der Reis frisch gekocht, Sie können aber auch eine größere Menge für den nächsten Tag mitzubereiten.

Verwenden Sie für Sushi keinen parboiled Reis oder Langkornreis, weil er nicht die notwendige weiche und klebrige Konsistenz bekommt. In der asiatischen Küche ist es wichtig, zu dem jeweiligen Gericht auch den passenden Reis zu verwenden. Wir sind Ihnen bei der Wahl behilflich (siehe Rezeptteil).

LOW FETT 30 Asian Food

Egal ob chinesisch, thailändisch oder indisch – die asiatische Küche wird auch hier zu Lande immer beliebter. Kein Wunder, spricht sie doch Feinschmecker und Gesundheitsbewusste gleichermaßen an. Obwohl Asian Food sehr vielseitig ist, haben die meisten Rezepte doch eines gemeinsam: Die asiatische Küche verwendet frische Zutaten, arbeitet mit fettarmen Zubereitungsmethoden und kurzen Garzeiten. Das macht sie zu einer sehr gesunden und speziell fürs Abnehmen vorzüglich geeigneten Essensform.

Exotische Gewürze, attraktive Farben und raffinierte Formen machen die Speisen außerdem zu einem Genuss für die Sinne.

Alle Grundpfeiler der asiatischen Küche – Fisch, frisches Gemüse, Hülsenfrüchte und Reis – sind LOW FETT 30 und lassen sich einfach mit Ihren bisherigen Ernährungsgewohnheiten kombinieren.

Folgen Sie uns auf die Reise durch die asiatischen Köstlichkeiten und entdecken Sie, wie einfach und gesund Sie auf diesem Weg abnehmen können. Die Rezepte sind übrigens so gestaltet, dass auch unerfahrene „Asien-Köche" sie ohne Probleme nachkochen können.

Snacks und Salate

Im ersten Kapitel finden Sie eine Auswahl an Salaten und Snacks. Wichtigster japanischer Snack sind Sushi, die in Reis gewickelten kleinen Überraschungen, zum Beispiel aus Fleisch und Fisch. Diese Köstlichkeiten können Sie zwischendurch, als Vorspeise oder abends schlemmen.

Suppen

Während bei uns die Suppe im Allgemeinen als Menüauftakt gereicht wird, ist sie in der asiatischen Küche eher Begleiter der gesamten Mahlzeit. In der Zusammenstellung der Zutaten spiegelt sich die jeweilige Jahreszeit wider. Je nach Einlage und Konsistenz können Sie die Suppen als Vorspeise, zwischendurch oder zum Abendessen genießen.

Hauptgerichte mit Fleisch und Geflügel

Neben Schweine- und Rindfleisch kommt Huhn als Lieblingsgeflügelart, meistens gekocht oder mild geschmort, der leichten asiatischen Kost besonders entgegen.

Hauptgerichte mit Fisch und Meeresfrüchten

Eine ganz besondere Rolle in der asiatischen Küche spielen Fisch und Meeresfrüchte. Gegrillte und gedämpfte Fischgerichte sind nicht nur leicht bekömmlich, fettarm und nährstoffreich, sondern haben auch ein besonders delikates Aroma.

Hauptgerichte mit Gemüse (vegetarisch)

Ihren Ruf als gesunde, fett- und kalorienarme Kost hat die asiatische Küche dem hohen Anteil an farbigem Gemüse und Seetang zu verdanken. Frischer Ingwer und Rettich bringen die nötige Würze und verbessern zusätzlich die Bekömmlichkeit.

Markieren Sie sich Ihre Lieblingsrezepte, indem Sie zum Beispiel einen Zettel in die Seite legen, auf dem Sie die notwendigen Zutaten für das Rezept – als immer wieder verwendbare Einkaufs-Checkliste – notieren.

Schlagen Sie so oft wie möglich Ihr LOW FETT 30-Buch für Asian Food auf, um darin zu schmökern. Versuchen Sie zumindest einmal in der Woche ein neues Rezept auszuprobieren. Laden Sie sich dafür Gäste ein oder lassen Sie Ihre Familie oder Ihren Partner in den Köstlichkeiten mitschwelgen.

Hinweise zu den Rezepten

Portionsgrößen

Wenn nicht anders angegeben, sind die Rezepte für 2 Personen berechnet.

Zubereitungszeiten

Hier steht die Zeit, die Sie benötigen, um das ganze Gericht zuzubereiten. Sollten dabei längere Zeitspannen auftreten, in denen Sie nichts zu tun haben, so haben wir diese gesondert in Klammern als Back-, Quell-, Kühlzeit usw. aufgeführt.

Kalorien- und Nährwertangaben

Sie beziehen sich immer auf 1 Portion des Gerichts. Die Prozentangabe steht für Fettkalorienprozent.

Zutatenmengen

Wenn nicht anders angegeben, gehen wir bei Obst und Gemüse von ungeputzter Rohware aus. Bei Stückangaben (z. B. 1 Zucchini) beziehen wir uns auf ein Stück mittlerer Größe.

Backofentemperaturen

Sie beziehen sich auf den Elektroherd mit Ober- und Unterhitze. Wenn Sie mit Umluft arbeiten, reduzieren Sie die Temperatur um 20%. Die Backzeit bleibt gleich.

Die Abkürzungen		
TL	=	Teelöffel (gestrichen)
EL	=	Esslöffel (gestrichen)
Msp.	=	Messerspitze
g	=	Gramm (1000 g = 1 kg)
kg	=	Kilogramm
ml	=	Milliliter (1000 ml = 1 l)
l	=	Liter
kcal	=	Kilokalorien (oder einfach: Kalorien)
gem.	=	gemahlen
getr.	=	getrocknet
i. Tr.	=	in Trockenmasse
ca.	=	circa
°C	=	Grad Celsius
TK-	=	Tiefkühl...
Ø	=	Durchmesser
cm	=	Zentimeter

Rezepte

Liebhaber der asiatischen Küche kommen auf den nächsten Seiten voll auf Ihre Kosten. Und da alle Rezepte LOW FETT 30 sind, gibt es das Wunschgewicht inklusive!

Snacks und Salate

Teigtaschen mit Krabbenfüllung

Für 2 Personen
Zubereitungszeit: ca. ³/₄ Stunde
550 kcal · 18 g Fett · 29 %

8 Teigplatten für Frühlings-
rollen (TK-Ware)
500 g ungekochte
Hummerkrabben
2 EL Erdnussöl
1 EL Austernsauce
1 cl Sherry
¹/₂ TL Salz
¹/₂ TL Glutamat
1 TL Stärkemehl
75 ml kalte Hühnerbrühe
125 g Chinakohl

1. Die fertigen Teigplatten einzeln auftauen lassen. Die Hummerkrabben waschen, das Fleisch herauslösen und säubern. Das Krabbenfleisch fein hacken.

2. Das Erdnussöl in einem Topf erhitzen und das Krabbenfleisch darin scharf anbraten. Die Austernsauce und den Sherry dazugeben. Mit dem Salz und dem Glutamat abschmecken.

3. Das Stärkemehl mit der Hühnerbrühe glatt rühren und das Krabbenfleisch damit binden.

4. Den geputzten, gewaschenen und sehr klein geschnittenen Chinakohl dazugeben, umrühren, alles vom Feuer nehmen und erkalten lassen.

5. Diese Masse auf die Teigrechtecke verteilen. So zusammenrollen, dass ein 1 cm breiter Rand übrig bleibt.

6. Die Enden der Rolle übereinanderziehen und festdrücken. Über Dampf oder in Brühe garen.

TIPP

Die Austernsauce bekommen Sie als Fertigprodukt in Chinaläden. Sie besteht aus Austernextrakt, Stärke, Klebreis, Salz, Zucker und verschiedenen anderen Gewürzen. Ihr leicht süßlicher Geschmack ist bei weitem nicht so intensiv wie der von Sojasauce. Austernsauce wird verwendet für Fleisch, Geflügel und Gemüse.

Chinesische Pfannkuchen

Für 2 Personen
Zubereitungszeit: ca. 1 Stunde
590 kcal · 19 g Fett · 29 %

250 g Weizenmehl
125 ml warmes Wasser
(ca. 50 °C)
40 g Frühlingszwiebeln
1 EL Öl
1 TL Salz
1 TL weißer Pfeffer
Öl zum Ausschwenken und
Ausbacken

1. Das Mehl mit dem Wasser klümpchenfrei verrühren und dann sorgfältig zu einem glatten Teig verkneten. Ihn mit einem Tuch abdecken und etwa 15 Minuten ruhen lassen.

2. In der Zwischenzeit die Frühlingszwiebeln putzen, waschen, klein hacken, mit Salz und Pfeffer mischen.

Chinesische Pfannkuchen

3. Den Teig zu einer Rolle formen und jeweils 40 g schwere Stücke abschneiden. Jedes Stück so dünn wie möglich zu einer runden Teigplatte ausrollen und mit Öl einpinseln.

4. Auf jede Portion etwas von der Frühlingszwiebelmischung streuen. Die Teigplatten aufrollen und zusammenlegen. Danach die Rollen in sich selbst verdrehen, zusammendrücken und erneut verkneten. Sie dann wieder zu runden Platten (15 bis 20 cm Durchmesser) ausrollen.

5. Eine flache Pfanne erhitzen und zweimal mit Öl ausschwenken. Anschließend mit einer Papierserviette ausreiben, damit sich die Pfannkuchen später mühelos aus der Pfanne nehmen lassen. 1 Esslöffel Öl hineingeben und die Pfannkuchen nacheinander bei mittlerer Hitze in 2 bis 3 Minuten ausbacken. Sie etwa alle Minute wenden, damit sie nicht anbrennen.

6. Die gebratenen Pfannkuchen in Rauten schneiden und portionsweise auf 2 Tellern anrichten.

TIPP

Solche Pfannkuchen werden in China häufig zum Frühstück gegessen. Sie gehören auch zum typischen Angebot in Stehimbissen oder Frühstückscafés. Fast immer trinkt man dazu Sojamilch.

Frühlingsrollen mit Huhn

Für 2 Personen
Zubereitungszeit: ca. 1 Stunde
590 kcal · 18 g Fett · 27 %

Für die Füllung:
100 g gegartes Hühnerfleisch
30 g Sojabohnenkeimlinge
100 g rote Paprikaschote
40 g Möhre
50 g Porree
1 Knoblauchzehe
1 Pr. Glutamat
1/2 TL Pfeffer
1/2 TL Salz
1 TL Zucker

Außerdem:
Öl zum Ausschwenken, Braten
und Frittieren
4 Teighüllen für Frühlings-
rollen
1 EL Mehl mit 2 EL Wasser
verrührt

1. Das Fleisch in kleine Würfel schneiden. Die Sojabohnenkeimlinge abspülen und in einem Sieb abtropfen lassen.

2. Die Paprikaschote waschen halbieren und entkernen. Die Möhre schälen. Die Poreestange putzen, der Länge nach halbieren und gründlich waschen. Nun alles in sehr kleine Würfel schneiden.

3. Den Knoblauch schälen und ebenfalls fein würfeln. Die abgetropften Sojabohnenkeimlinge in etwa 2 cm lange Stücke schneiden.

4. Eine große Pfanne oder den Wok erhitzen und zweimal mit Öl ausschwenken. 2 Esslöffel Öl darin bis kurz vor den Rauchpunkt erhitzen, dann die Knoblauchwürfelchen hineingeben und kurz anbraten.

5. Nun die Fleischstückchen dazugeben und beides bei starker Hitze unter ständigem Rühren etwa 3 Minuten braten. Danach das vorbereitete Gemüse hinzufügen und das Ganze weitere 2 Minuten braten, dabei ständig rühren.

6. Den Pfanneninhalt mit Glutamat, Pfeffer, Salz sowie Zucker abschmecken und dann zum Abtropfen in ein Sieb geben.

7. Die Teighüllen auf einer Arbeitsfläche ausbreiten und die Ränder mit etwas angerührtem Mehl bestreichen. Die Füllung portionsweise jeweils in die Mitte jeder Teigplatte geben.

8. Die beiden seitlichen Ränder nach innen schlagen und dann die Teigenden übereinander schlagen. Zum Schluss fest andrücken.

9. In einem großen Topf oder im Wok reichlich Öl erhitzen und dann auf mittlere Hitzezufuhr schalten. Die Frühlingsrollen portionsweise ins heiße Öl geben und jeweils etwa 4 Minuten frittieren.

10. Die vorfrittierten Frühlingsrollen mit einer Schaumkelle aus dem Öl heben und ungefähr 2 Minuten abkühlen lassen. Sie anschließend nochmals für etwa 1 Minute ins heiße Öl geben und goldgelb frittieren. Auf einem Küchenkrepp restliches Fett abtropfen lassen.

TIPP
Natürlich können Sie die Füllung nach Belieben variieren. Nehmen Sie anstelle des Hühnerfleischs Rind- oder Schweinefleisch, oder tauschen Sie zum Beispiel den Poree durch Bambussprossen aus.

Vegetarische Frühlingsrollen

Für 2 Personen
Zubereitungszeit: ca. 40 Minuten
520 kcal · 17 g Fett · 29 %

1 EL Mu-Err-Pilze
1 Karotte
2 Frühlingszwiebeln
1 Dose Bambussprossen
(ca. 150 g Abtropfgewicht)
1 TL Öl
50 g Sojabohnensprossen
1 Knoblauchzehe
4 EL Austernsauce
einige Tropfen Sesamöl
schwarzer Pfeffer aus der
Mühle
8 Reisteigblätter für Frühlingsrollen (22 cm ⌀ à 60 g)
Eiweiß
Frittierfett oder Öl zum
Ausbacken

1. Die Pilze etwa 15 Minuten in warmem Wasser einweichen. Inzwischen die Karotte schälen und in kleine, dünne Stäbchen schneiden. Die Frühlingszwiebeln putzen und waschen. Das Zwiebelgrün in dünne Ringe schneiden, das Weiße fein hacken. Die Bambussprossen aus der Dose auf einem Sieb abtropfen lassen und in kleine Würfel schneiden.

2. Unter fließendem Wasser eventuell anhaftenden Sand von den Pilzen abspülen, Pilze abtropfen lassen und grob zerkleinern.

3. Das Öl in einer Pfanne erhitzen, Gemüse und Pilze darin 2 bis 3 Minuten dünsten.

4. Die Sojabohnensprossen kurz abspülen und abtropfen lassen, in die Pfanne geben. Die geschälte Knoblauchzehe durchpressen und dazugeben. Alles gut mischen und mit Austernsauce, Fischsauce, Sesamöl und Pfeffer abschmecken. Die Masse etwas abkühlen lassen.

5. Inzwischen die Teigblätter zwischen 2 feuchten Geschirrtüchern auslegen. Ein paar Minuten warten, bis die Blätter feucht und elastisch sind und gerollt werden können.

6. Je 2 Esslöffel der Füllung in die Mitte der Teigblätter geben. Das untere Ende des Teigblatts über die Füllung klappen. Die rechten und linken Ränder nach innen über die Füllung einschlagen. Das verbleibende Teigende mit leicht verquirltem Eiweiß bepinseln und fest aufrollen.

7. In einem breiten Topf oder in einer Fritteuse das Fett auf etwa 180 °C erhitzen und darin die Frühlingsrollen portionsweise in 3 bis 4 Minuten goldgelb ausbacken. Auf Küchenpapier abtropfen lassen.

TIPPS
Außer runden Teigblättern aus Reismehl gibt es auch quadratische Teigblätter zu kaufen, die aus Weizenmehl hergestellt sind. Meistens werden die Teigblätter tiefgefroren angeboten, sodass man sie etwa 30 Minuten vor der eigentlichen Zubereitung auftauen lassen muss.
Diese Rollen können auch mit Hackfleisch oder Meeresfrüchten gefüllt werden.
Auch zuvor eingeweichte Glasnudeln eignen sich für die Füllung gut.

Sushi mit Garnelen

Für 2 Personen
Zubereitungszeit: ca. 1 Stunde
300 kcal · 6 g Fett · 18 %

Für den Sushireis:
60 g Rund- oder Mittelkornreis
1 EL Reis- oder Apfelessig
¼ TL Zucker
1 Prise Salz

Für die Garnelenfüllung:
je 50 g Salatgurke und Möhre
60 g Rettich
2 Noriblätter (getrockneter Seetang)
6 mittelgroße Tiefseegarnelen (à 40 g)
½ TL grüne Meerrettichpaste (Wasabi)

Zum Dippen:
50 ml japanische Sojasauce

1. Reis waschen, mit etwa 100 ml Wasser zum Kochen bringen, etwa 1 Minute sprudelnd kochen lassen, die Hitze stark reduzieren und den Reis ausquellen lassen.

2. Inzwischen in einem kleinen Topf den Essig mit Zucker und Salz leicht erwärmen und so lange verrühren, bis der Zucker aufgelöst ist. Den Reis in eine breite Schüssel füllen, mit der Essigmischung vorsichtig vermengen und auf Zimmertemperatur abkühlen lassen.

3. Gurke, Möhre und Rettich in etwa 7 cm lange und ½ x ½ cm breite Stifte schneiden. Die Möhrenstifte in kochendem Wasser kurz blanchieren.

4. Die Noriblätter zu Quadraten von etwa 12 cm Seitenlänge schneiden. Reis, Gemüsestreifen sowie Garnelen auf den Blättern verteilen und das Ganze jeweils mit wenig Meerrettichpaste würzen. Die Blätter zu Tüten aufrollen. Die Sojasauce zum Dippen reichen.

Sushi mit Rinderfilet

Für 2 Personen
Zubereitungszeit: ca. 1 Stunde
220 kcal · 7 g Fett · 29 %

Für den Sushireis:
1 Rezept Sushireis (siehe vorheriges Rezept)

Für die Rinderfiletfüllung:
50 g Rinderfilet, in hauchdünnen Scheiben
schwarzer Pfeffer aus der Mühle
½ TL grüne Meerrettichpaste (Wasabi)
50 g reife Avocado
1 EL Zitronensaft
50 g Zucchino
40 g Rettich
2 Noriblätter (getrockneter Seetang)

Zum Dippen:
ca. 50 ml japanische Sojasauce

1. Den Reis entsprechend der nebenstehenden Rezeptanweisung zubereiten.

2. Die Filetscheiben eventuell halbieren, etwas Pfeffer darüber geben und sie dünn mit Meerrettich bestreichen. Die Avocado in dünne Scheiben schneiden und sofort mit Zitronensaft beträufeln. Zucchino und Rettich zunächst in Scheiben, dann in dünne Streifen schneiden.

3. Die Noriblätter zu Quadraten von etwa 12 cm Seitenlänge schneiden. Reis, Avocadoscheiben, Gemüsestreifen und Filetscheiben darauf verteilen. Dann das Ganze zu Tüten zusammenrollen. Die Sojasauce zum Dippen reichen.

Schweinefleisch-bällchen im Reismantel

Für 2 Personen
Zubereitungszeit: ca. 3 Stunden
(davon Quellzeit: 2 Stunden)
360 kcal · 10 g Fett · 25 %

60 g Rundkornreis
1 kleine Zwiebel
250 g mageres Schweinefleisch
1 Knoblauchzehe
1/2 TL Salz
1 Stück in Sirup eingelegter
Ingwer
1/2 Bund Petersilie
1 kleines Ei
1 EL Speisestärke
1/2 TL süßer Paprika
1/2 TL Curry
1 Msp. gem. Ingwer
1 cl Sherry
Salz, weißer Pfeffer aus der
Mühle

1. Den Reis in einer Schüssel mit kaltem Wasser 2 Stunden einweichen, abgießen und mit Küchenpapier trockentupfen.

2. Schweinefleisch fein wiegen oder durch die feine Scheibe des Fleischwolfs drehen. Knoblauch mit Salz zu einer Paste zerquetschen. Eingelegten Ingwer und Petersilie fein hacken. Mit Ei und Stärke zum Fleisch geben und gut durcharbeiten. Die Masse mit Paprika, Curry, Ingwer, Sherry, Salz und weißem Pfeffer abschmecken.

3. Mit nassen Händen kleine Kugeln formen und diese im Reis wälzen, sodass die Körner am Fleisch kleben bleiben. In einen Dämpfkorb legen.

4. Den Dämpfkorb auf kochendes Wasser setzen und etwa 30 Minuten dämpfen.

TIPP
Die Dämpfflüssigkeit sollten Sie immer mit intensiven Aromen würzen. In der europäischen Küche eignen sich dafür besonders frische Kräuter wie Rosmarin, Thymian oder Salbei. Außerdem sollten Sie eine Schüssel unter das Gargut stellen, damit der beim Dämpfen austretende Saft aufgefangen und mitserviert werden kann.

Vollkornfladen-brot

Für 10 Stück
Zubereitungszeit: ca. 1/2 Stunde
190 kcal · 1 g Fett · 5 %

300 g Vollkornmehl
160 g Weizenmehl, Type 405
250 ml lauwarmes Wasser

1. Das Vollkornmehl sowie das Weizenmehl in eine Schüssel sieben und mit warmem Wasser so lange kneten, bis daraus ein weicher Teig entsteht.

2. Eine antihaftbeschichtete Pfanne ohne Fett auf höchste Stufe stark erhitzen, dann die Hitzezufuhr etwas reduzieren.

3. Währenddessen aus dem Teig 10 Bällchen formen, diese mit wenig Mehl bestäuben und jeweils zu Kreisen von 12 bis 15 cm Durchmesser ausrollen.

4. Die Fladen einzeln in der Pfanne bei schwacher Hitze etwa 2 Minuten backen, bis sie auf der Unterseite braune Flecken haben. Sie dann wenden und auf der anderen Seite etwa 1/2 Minute backen.

Dampfbrot mit Fleischfüllung

Dampfbrot mit Fleischfüllung

Für 4 Stück
Zubereitungszeit: ca. 1 Stunde
420 kcal · 11 g · 24 %

Für den Teig:
300 g Hefeteig (TK-Ware)

Für die Füllung:
250 g Rinderhackfleisch
2 Knoblauchzehen
1 TL geriebene Ingwerwurzel
1 TL Sesamöl
2 EL Sojasauce
2 EL Reiswein
1 EL Speisestärke

Salz
Pfeffer aus der Mühle
1 Pr. Cayennepfeffer
1 Pr. Zucker

1. Den Hefeteig auftauen, mit einem Küchentuch bedeckt 30 Minuten gehen lassen.

2. Für die Füllung das Rinderhackfleisch mit der gehackten Knoblauchzehe und dem geriebenen Ingwer braten. Sojasauce, Reiswein, Stärke und Gewürze zugeben.

3. Den Teig in 4 Stücke teilen, flach drücken und je 1 bis 2 Esslöffel Fleischmasse darauf geben. Zu Bällchen formen und im Dämpfkorb 15 bis 20 Minuten über Salzwasser dämpfen.

TIPP
Sie können auch ohne Dämpfkorb dämpfen. Stellen Sie eine Reisschale oder eine breite Tasse in einen mit wenig Wasser gefüllten Topf und darauf den Teller mit der Speise.

Gemischter Salat mit Jogurt

Für 2 Personen
Zubereitungszeit: ca. 1¼ Stunden
(davon zum Durchziehen: 1 Stunde)
70 kcal · 2 g Fett · 26 %

200 g Jogurt (1,5% Fett)
1 Zwiebel
2 Tomaten
100 g Salatgurke
1 TL Chilipulver
1 TL Garam Masala
etwas Salz
1 EL gehackte Korianderblätter

1. Den Jogurt mit 2–3 Esslöffeln Wasser glatt rühren.

2. Die Zwiebel schälen und
in kleine Würfel schneiden.
Die Tomaten und die Gurke
putzen, waschen und klein
schneiden. Diese Zutaten
mit dem Jogurt vermischen.

3. Danach das Chilipulver,
das Garam Masala und das
Salz darauf streuen, sorgfältig
untermischen und mit den
Korianderblättern garnieren.

4. Den Salat etwa 1 Stunde
im Kühlschrank durchziehen
lassen.

TIPP
*Eine mildere Note erreichen
Sie mit etwa 1 Teelöffel ge-
hackter Petersilie anstelle der
Korianderblätter.*

Dim Sum mit süßsaurem Gemüse

Für 2 Personen
Zubereitungszeit: ca. ½ Stunde
550 kcal · 16 g Fett · 26 %

Für die Sauce:
2 kleine rote Chilischoten
3 EL Reis- oder Apfelessig
2 EL helle Sojasauce
2 EL Austernsauce

Außerdem:
500 g Möhren
6 Frühlingszwiebeln
2 EL Öl
1 Packung (300 g) Dim Sum
mit Gemüsefüllung
2 Stück Weizenfladen
(Stück 75 g)

1. Für die Sauce Chilischoten
der Länge nach halbieren,
Kerne herauskratzen. Schoten
waschen, trockentupfen und
sehr fein hacken. Mit Reis-
oder Apfelessig, Soja- und
Austernsauce verrühren und
in ein Schälchen geben.

2. Möhren schälen, der Länge
nach einkerben und quer in
„Blüten" schneiden. Frühlingszwiebeln putzen, waschen und
in Streifen schneiden.

3. Möhren in 1 Teelöffel Öl
etwa 5 Minuten dünsten.
Frühlingszwiebeln zufügen.
5 Esslöffel Sauce und 3 Esslöffel Wasser zufügen und
kurz erhitzen.

4. Restliches Öl in einer
Pfanne erhitzen. Dim Sum
darin in 3 bis 4 Minuten goldgelb braten. Dann 3 Esslöffel
Wasser zugießen und zuge-
deckt ziehen lassen.

5. Dim Sum mit dem Gemüse
auf einer Platte anrichten.
Restliche Sauce extra dazu-
reichen.

6. Mit Fladenbrot als Beilage
servieren.
(auf dem Foto)

TIPP
*Für eine Ingwersauce schälen
Sie ein Stück frischen Ingwer
und hacken ihn sehr fein. Mit
8 Esslöffeln Reisessig, 8 Esslöffeln Sojasauce und 2 Esslöffeln Sesamöl verrühren.*

Saurer Gemüsesalat

Für 2 Personen
Zubereitungszeit: ca. 20 Minuten
280 kcal · 9 g Fett · 29 %

1/2 Bund Radieschen
250 g Chinakohl
1 Scheibe Ananas
50 g Brunnenkresse
50 g gekochter Schinken
100 g Mixedpickles
1 Chilischote
1 EL Sojasauce
1 EL Erdnussöl
1/2 TL Glutamat
1 Prise Zucker
Salz, Pfeffer aus der Mühle
frische Kräuter (Petersilie,
Schnittlauch, Estragon)
2 Stück Fladenbrot

1. Die Radieschen putzen, waschen und in Scheiben schneiden. Den Chinakohl putzen, waschen und in dünne Streifen schneiden. Ananas in kleine Würfel schneiden. Brunnenkresse verlesen, waschen, grobe Stiele entfernen. Alles in eine Schüssel geben.

2. Den Schinken in dünne Streifen schneiden und dazugeben. Alles vorsichtig miteinander vermischen.

3. Die Mixedpickles in einen Topf geben, mit fein gehackter Chilischote, Sojasauce und Erdnussöl erhitzen. Mit Glutamat, Zucker, Salz und Pfeffer abschmecken.

4. Warm über den Salat geben und den Salat damit anmachen. Mit frischen Kräutern nach Belieben bestreuen.

5. Mit Fladenbrot den Salat servieren.

Salat aus Mungbohnenkeimen

Für 2 Personen
Zubereitungszeit: ca. 20 Minuten
230 kcal · 7 g Fett · 27 %

1 mittelgroße Stange Lauch
1 mittelgroße Karotte
1/2 Zwiebel
200 g Mungbohnenkeime
1 EL Sojaöl
1 EL Reisweinessig
1 EL Zitronensaft
1 Prise Salz
1 Prise weißer Pfeffer aus der Mühle
1 Msp. Glutamat
2 Stück Vollkornfladenbrot

1. Den Lauch putzen, in 3 cm lange Stücke und dann in schmale Stiftchen schneiden, waschen und abtropfen lassen. Die Karotte und die Zwiebel schälen. Karotte in feine Stifte schneiden. Zwiebel fein hacken. Die Mungbohnenkeime waschen.

2. Das Öl im Wok oder in einer Pfanne erhitzen. Die Zwiebel unter Rühren kurz braten, dann Lauch und Karotte dazugeben und kurz mitbraten. Die Mungbohnenkeime darunter mengen. Das Gemüse sofort von der Herdplatte nehmen und mit Essig, Zitronensaft, Salz, Pfeffer und Glutamat pikant abschmecken. Lauwarm servieren.

TIPP
Mungbohnenkeime sind sowohl frisch als auch als Konserve (dann heißen sie häufig Lunjasprossen) erhältlich. Frische Keime sind jedoch knackiger als konservierte. Da die Keimlinge leicht verderben, sollten Sie beim Kauf und bei der Verarbeitung darauf achten, dass sie weiß und trocken sind.

Tomaten-Zwiebel-Salat

Tomaten-Zwiebel-Salat

Für 2 Personen
Zubereitungszeit: ca. 1 Stunde
(davon Kühlzeit: 1/2 Stunde)
200 kcal · 5 g Fett · 23 %

2 Tomaten
5 g frischer Ingwer
1 TL Öl
1 EL schwarze Senfsamen
2 Curryblätter
1 Msp. Asant
1 grüne entkernte Chilischote,
in Ringen
2 Frühlingszwiebeln
in Ringen
Salz nach Belieben

150 g Jogurt (1,5% Fett)
etwas Koriandergrün
2 Fladenbrote

1. Die Tomaten mit kochendem Wasser überbrühen, enthäuten, vierteln, vom Stielansatz befreien und entkernen. Den Ingwer schälen und fein würfeln.

2. Das Öl in einer Pfanne erhitzen. Ingwer und Senfsamen darin 2 bis 3 Minuten braten.

3. Alle anderen Zutaten außer Jogurt und Koriander hinzufügen und alles etwa 7 Minuten unter Rühren braten.

4. Den Jogurt darunter mischen, das Ganze mit Koriandergrün bestreuen und etwa 30 Minuten kühl stellen.

5. Den Tomaten-Zwiebel-Salat mit Fladenbrot servieren.

Suppen

Krabben-Mais-Suppe

Für 2 Personen
Zubereitungszeit: ca. ¹/₂ Stunde
150 kcal · 4 g Fett · 24 %

1 TL Sesamöl
2 EL Frühlingszwiebeln, in
Ringen
75 g rote Paprikaschote, in
Streifen
50 g ausgepulte Krabben oder
Crevetten
125 g abgetropfter Mais aus
der Dose
300 ml Fischfond (Fertig-
produkt)
1 TL Sherry
1 Prise Zucker
1 TL Sojasauce
1 TL Stärkemehl
1 leicht verschlagenes
kleines Eiweiß
Salz
Pfeffer aus der Mühle
1 EL Schnittlauchröllchen

1. Zwiebeln, Paprika sowie Krabben oder Crevetten im Öl kurz anschwitzen.

2. Die Hälfte des Maises pürieren, mit den restlichen Maiskörnern in den Topf geben und alles mit dem Fond auffüllen. Sherry, Zucker, Sojasauce sowie Stärke miteinander verrühren und die Suppe damit binden.

3. Eiweiß unter die Suppe rühren, abschmecken und mit Schnittlauch bestreuen.

Rindfleischsuppe

Für 2 Personen
Zubereitungszeit: ca. 1 Stunde
300 kcal · 10 g Fett · 30 %

60 g geschnetzeltes
Suppenfleisch
etwas frischer Ingwer
¹/₄ TL Salz
¹/₂ Sternanis
¹/₂ EL trockener Sherry
125 g TK-Erbsen
1 TL Speisestärke
1 verschlagenes kleines Ei
2 Frühlingszwiebeln
2 Vollkornfladenbrote

1. Fleisch, den in Scheiben geschnittenen Ingwer, Salz, Sternanis und Sherry mit ¹/₂ Liter kaltem Wasser in einen Topf geben, alles aufkochen und anschließend etwa ¹/₄ Stunde köcheln lassen.

2. Die Erbsen hinzufügen und alles nochmals ¹/₄ Stunde köcheln lassen. Den Anis herausnehmen. Die Stärke mit etwa 1 Esslöffel kaltem Wasser anrühren. Die Suppe damit binden.

3. Das Ei in die Suppe rühren, alles etwa 1 Minute köcheln lassen und mit den klein geschnittenen Frühlingszwiebeln bestreuen.

4. Mit Vollkornfladenbrot die Suppe servieren.

Kartoffel-Pfifferling-Cremesuppe

Für 2 Personen
Zubereitungszeit: ca. 1 Stunde
310 kcal · 9 g Fett · 26 %

200 g frische Pfifferlinge
1 Zwiebel
200 g Kartoffeln
1 TL Butter
400 ml Gemüsebrühe
50 g Tofu
2 EL Sojasauce
schwarzer Pfeffer aus der
Mühle
1 EL trockenen Sherry
1/2 Bund Basilikum
2 Vollkornfladenbrote

1. Die Pfifferlinge putzen, eventuell vorsichtig waschen. Größere Pilze zerschneiden. Dann die Zwiebel und die Kartoffeln schälen und klein würfeln.

2. Die Butter in einem Topf zerlassen, die Pilze darin kurz anbraten, herausnehmen und warm stellen.

3. Die Zwiebel- und die Kartoffelwürfel im Topf hell anschwitzen. Mit der Brühe ablöschen und zugedeckt etwa 15 Minuten bei milder Hitze köcheln lassen.

4. Den Tofu vor der Verwendung 5 Minuten in kaltem Wasser ruhen lassen. Dann würfeln und in die Suppe einrühren.

5. Die Kartoffelsuppe im MIxer oder mit dem Pürierstab im Topf glatt pürieren und schaumig aufschlagen. Dann wieder aufkochen und mit Sojasauce, Pfeffer und Sherry abschmecken.

6. Die Pfifferlinge in die Suppe geben und darin kurz wieder erhitzen. Mit Basilikum bestreuen.

7. Die Suppe mit Fladenbrot heiß servieren.

TIPP
Die Suppe können sie gut vorbereiten. Vor dem Servieren müssen Sie sie aber unbedingt mit dem Pürierstab luftig aufschäumen.

Fischsuppe mit Nudeln

Für 2 Personen
Zubereitungszeit: ca. 1¹/₄ Stunden
440 kcal · 14 g Fett · 29 %

1 große Zwiebel
2 Knoblauchzehen
1 TL grob gewürfelter Ingwer
¹/₂ TL Kurkumapulver
¹/₂ TL Chilipulver
60 g Bambussprossen (Dose)
1 frische Chilischote
1 EL Sesamöl
500 ml Kokosnussmilch
¹/₂ TL Ngapi (Krabbenpaste)
oder 1 TL Sardellenpaste
1 EL Fischsauce
1 EL Kichererbsenmehl
60 g Hering in Tomatensauce
aus der Dose
1 TL Zitronensaft
Salz
125 g feine Eiernudeln

1. Die Zwiebel und den Knoblauch schälen, beides grob würfeln. Zusammen mit dem Ingwer, dem Kurkuma und dem Chilipulver in eine Küchenmaschine geben und zu einem Püree verarbeiten.

2. Die Bambussprossen in feine Scheiben schneiden. Die Chilischote entkernen und fein würfeln.

3. Das Öl in einem großen Topf erhitzen und das Püree mit der Chilischote braten.

4. Die Kokosnussmilch und die Bambussprossen unter die Masse rühren und das Ganze aufkochen lassen.

5. Die Krabben- oder die Sardellenpaste in der Fischsauce auflösen und die Mischung in den Topf geben.

6. Das Kichererbsenmehl mit wenig kaltem Wasser anrühren und in die Sauce einrühren. Das Ganze unter Rühren aufkochen, dann etwa 5 Minuten köcheln lassen.

7. Den Fisch und den Zitronensaft dazugeben. Alles etwa 30 Minuten köcheln lassen. Hierbei gelegentlich umrühren. Mit Salz abschmecken.

8. Die Nudeln laut Packungsanweisung kochen und in tiefen Tellern anrichten. Die Fischsuppe sogleich über die Nudeln geben.

TIPP
Moh Hi Gha (rechtes Rezept) ist in Birma Nationalgericht. Die Suppe wird oft als Hauptgericht in großen Mengen zubereitet. Dazu serviert man Beilagen, die über das Gericht gegeben werden. Solche Beilagen sind zum Beispiel gewürfelte Frühlingszwiebeln, geröstete Zwiebeln, gewürfelte hartgekochte Eier oder Fischsauce und Chilipulver.

Milde Suppe aus Birma

Für 2 Personen
Zubereitungszeit: ca. ¹/₂ Stunde
150 kcal · 5 g Fett · 30 %

1 Zwiebel
250 g gemischtes Gemüse
(Zucchini, Weißkohl, China-
kohl, Spinat)
¹/₂ l Hühnerbrühe
¹/₂ EL Garnelenpulver oder
2 frische Garnelen
3 Pfefferkörner
¹/₄ TL Gnapi (Garnelenpaste)
oder ¹/₂ TL Sardellenpaste
Salz

1. Die Zwiebeln schälen und in möglichst feine Ringe schneiden. Das Gemüse putzen, waschen und in feine Streifen bzw. dünne Scheiben schneiden.

2. Die Brühe aufkochen lassen. Zwiebeln, Garnelenpulver oder frische Garnelen, Pfefferkörner sowie Garnelen- oder Sardellenpaste dazugeben. Alles etwa 5 Minuten köcheln lassen.

3. Das Gemüse hinzufügen und weitere 3 Minuten köcheln lassen. Die Suppe mit etwas Salz abschmecken. (auf dem Foto)

Hauptgerichte mit Fleisch

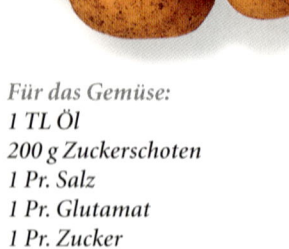

Rindfleisch-Kartoffel-Curry

Für 2 Personen
Zubereitungszeit: ca. 1¹/₄ Stunden
330 kcal · 11 g Fett · 30 %

400 g Kartoffeln
200 g Rindergulasch, mager
2 Gemüsezwiebeln
2 Knoblauchzehen
1 TL frisch gehackter Ingwer
1 TL Kurkumapulver
1 TL Chilipulver
2 TL Öl
¹/₂ TL geriebener weißer Kreuz-kümmel
¹/₂ TL geriebener Koriander
1 TL Salz

1. Die Kartoffeln schälen. Das Rindergulasch und die Kartoffeln in mundgerechte Stücke schneiden. Zwiebeln und Knoblauch schälen und hacken.

2. Zwiebeln, Knoblauch, Ingwer, Kurkuma- und Chilipulver in eine Küchenmaschine geben und zu einem Püree verarbeiten.

3. Das Öl in einem Topf erhitzen und das Püree braten.

4. Kreuzkümmel und Koriander dazugeben, unter Umrühren kurz anbraten.

5. Dann das Fleisch ebenfalls dazugeben und einige Minuten braten.

6. Salz, etwa ¹/₂ l Wasser und Kartoffeln hinzugeben. Alles etwa 35 Minuten garen lassen. Die Flüssigkeit soll einkochen.

Rindfleisch mit Zuckerschoten

Für 2 Personen
Zubereitungszeit: ca. 1 Stunde
640 kcal · 21 g Fett · 30 %

Für das Fleisch:
350 g Rindfleisch (z. B. Filet, Roastbeef oder falsches Filet)
1 EL Kartoffelstärke
¹/₂ kleines Ei
¹/₂ TL Salz
¹/₂ TL Pfeffer
¹/₂ TL Glutamat
¹/₂ TL Zucker
2 EL Sojasauce
4 TL Öl
Öl zum Braten

Für das Gemüse:
1 TL Öl
200 g Zuckerschoten
1 Pr. Salz
1 Pr. Glutamat
1 Pr. Zucker
1 TL Kartoffelstärke, mit 2 EL Wasser verrührt

Für die Sauce:
1 EL Zucker
¹/₂ TL Pfeffer
1 Pr. Glutamat
1 TL Salz
120 ml Hühnerbrühe oder Wasser
1 TL Kartoffelstärke, mit 4 EL Wasser verrührt

300 g gedämpfter Basmati-Reis

1. Das Fleisch von eventuell vorhandenen Sehnen befreien und dann in dünne, 2 bis 3 cm große Scheiben schneiden. Diese für etwa 30 Minuten in die Marinade aus Stärke, Ei, Salz, Pfeffer sowie Glutamat, Zucker, Sojasauce und Öl einlegen. Inzwischen die

Rindfleisch mit Zuckerschoten

Zuckerschoten waschen und die Enden abknipsen. Lange Schoten eventuell halbieren.

2. Eine Pfanne oder den Wok erhitzen und zweimal mit Öl ausschwenken. Dann 1 Teelöffel Öl heiß werden lassen und das marinierte Fleisch darin braten. Anschließend herausnehmen und auf Krepppapier legen.

3. Die Pfanne oder den Wok nochmals erhitzen und zweimal mit Öl ausschwenken. 1 Teelöffel Öl hineingeben und die Zuckerschoten unter Rühren etwa 1 Minute braten.

Sie dann mit Salz, Glutamat sowie Zucker abschmecken und mit der angerührten Kartoffelstärke binden. Das Ganze kurz aufkochen lassen. Das Gemüse auf 2 Tellern anrichten.

4. Die Pfanne oder den Wok nochmals erhitzen und 1 Teelöffel Öl darin heiß werden lassen. Die gebratenen Fleischscheiben dazugeben und weitere $1^{1}/_{2}$ Minuten unter Rühren braten.

5. Den Pfanneninhalt mit Zucker, Pfeffer, Glutamat und Salz abschmecken. Die Hüh-

nerbrühe oder das Wasser sowie die angerührte Kartoffelstärke darunter rühren und alles aufkochen lassen.

6. Zum Schluss Fleischscheiben mitsamt der Sauce auf den Zuckerschoten mit gedämpftem Reis anrichten.

Schweinefleisch Bombay

Für 2 Personen
Zubereitungszeit: ca. 2 Stunden
(davon Marinierzeit: 1 Stunde)
340 kcal · 10 g Fett · 26 %

250 g Schweineschnitzel, mager
2 EL Sojasauce
2 EL trockener Sherry
150 g Karotten
1/2 Zwiebel
1 EL Sojaöl
1 EL Currypulver
125 ml Rinderbrühe (aus Instantpulver)
2 TL Speisestärke
40 ml Kokosmilch
1 Banane
75 g TK-Erbsen
Salz, schwarzer Pfeffer aus der Mühle
Cayennepfeffer

1. Das Schweinefleisch in kleine Würfel schneiden. Die Sojasauce mit dem Sherry verrühren, in einer Schüssel mit dem Fleisch vermischen und das Fleisch etwa 1 Stunde marinieren lassen.

2. Die Karotten schälen und fein würfeln, die Zwiebel grob hacken. Das Öl in einer Pfanne erhitzen und das Fleisch zusammen mit dem Gemüse darin unter Rühren kräftig anbraten. Mit Currypulver bestreuen, die Brühe angießen und das Ganze etwa 10 Minuten schmoren lassen.

3. Die Speisestärke mit der Sahne glatt rühren und die Sauce damit binden. Die Banane schälen und in Scheiben schneiden.

4. Bananenscheiben und Erbsen zum Fleisch geben und alles 5 Minuten garen. Vor dem Servieren mit Salz, Pfeffer und Cayennepfeffer kräftig abschmecken.

TIPP
Bereiten Sie am besten als Beilage Reis mit Zitronengras oder Jasminduft zu.

Exotisches Schweinefleisch

Für 2 Personen
Zubereitungszeit: ca. 1/2 Stunde
570 kcal · 15 g Fett · 24 %

150 g Langkornreis
150 g magerer Schweinenacken
1 Knoblauchzehe
1/2 TL Salz
2 EL Olivenöl
1 kleine Zwiebel
2 Frühlingszwiebeln
je 1/4 rote und grüne Paprikaschote
1 Scheibe Ananas in Würfeln
150 ml Bratensauce
2 EL Tomatenketchup
2 EL Honig
2 EL Obstessig
1 EL Sojasauce
einige Tropfen Tabasco
1 Prise Glutamat
Salz, frisch gemahlener Pfeffer
1 EL frisch geschnittener Schnittlauch

1. Den Reis nach Anleitung kochen.

2. Schweinenacken und Gemüse in dünne Streifen schneiden. Knoblauchzehe mit Salz zerreiben und in Öl anbraten. Das Fleisch dazugeben und ebenfalls scharf anbraten, die Gemüse 5 Minuten unter Rühren mitbraten.

3. Die Ananas darunter heben, mit der Bratensauce auffüllen, abschmecken und mit Schnittlauch bestreuen.

Gebratener Hackfleischreis

Für 2 Personen
Zubereitungszeit: ca. 3/4 Stunde
470 kcal · 15 g Fett · 29 %

ca. 150 g Langkornreis
1 EL Sesamöl
1 gepresste Knoblauchzehe
je 1 EL Soja- und Hoisinsauce
etwas gemahlener Szetschuanpfeffer
120 g Rinderhackfleisch
1 kleine Zwiebel, in Würfeln
1 Möhre, in Würfeln
1/2 Stange Lauch, in Stückchen
etwas Salz

1. Den Reis laut Packungsanweisung garen.

2. Das Öl in einem Wok erhitzen, Knoblauch, Würzsaucen, Pfeffer und Hackfleisch dazugeben. Alles unter Rühren gut anbraten, dann das Gemüse dazugeben und das Ganze fertigbraten.

3. Den Reis zum Gericht geben. Das Ganze unter ständigem Rühren erwärmen und abschmecken.

Huhn mit Pilzen

Für 2 Personen
Zubereitungszeit: ca. 1/2 Stunde
450 kcal · 15 g Fett · 30 %

200 g frische Champignons
150 g Hähnchenbrust
1 EL Öl
1 feingewürfelte Knoblauchzehe
1 Zwiebel, in feinen Ringen
1 EL Sojasauce
etwas Salz
150 g Vollkornreis

1. Die Pilze halbieren oder vierteln. Die Hähnchenbrust in Streifen schneiden.

2. Das Öl in einem Wok erhitzen, Knoblauch und Zwiebel darin goldbraun braten. Das Fleisch dazugeben, alles bei großer Hitze unter Rühren etwa 3 Minuten braten, dann bei mittlerer Hitze und geschlossenem Wok weitere 5 Minuten garen.

3. Sojasauce hineingeben und alles nach Gescmack salzen, umrühren und Pilze dazugeben. Alles abgedeckt weitere 5 Minuten kochen lassen. Die Flüssigkeit anschließend einköcheln lassen.

4. Vollkornreis nach Anleitung zubereiten und als Beilage servieren.

Süßsaurer Chinakohl mit Schinken

Für 2 Personen
Zubereitungszeit: ca. ¹/₂ Stunde
430 kcal · 10 g Fett · 21 %

1 mittelgroßer Chinakohl
1 EL Erdnussöl
50 g roher Schinken
¹/₂ Zwiebel
¹/₂ rote und ¹/₂ grüne
Paprikaschote
25 g eingeweichte chinesische
Pilze
75 ml Geflügelbrühe
1 EL Tomatenmark
1 TL Glutamat
4 EL Essig
1 EL Sojasauce
1 EL Honig
1 TL Salz
1 Prise Zucker
einige Tropfen Chiliöl
1 TL Stärkemehl

1. Den Chinakohl putzen, waschen und in mundgerechte Stücke schneiden.

2. Das Erdnussöl in einer Pfanne erhitzen und den in kleine Würfel geschnittenen Schinken darin glasig schwitzen.

3. Die Zwiebel und die Paprikaschoten putzen, waschen und in grobe Würfel schneiden, zum Schinken geben und kurz mitschwitzen.

4. Die fein geschnittenen, eingeweichten Pilze dazugeben.

5. Die Geflügelbrühe mit dem Tomatenmark, dem Glutamat, dem Essig, der Sojasauce, dem Honig und dem Salz verrühren, mit dem Chinakohl in die Pfanne geben und alles zusammen 2 Minuten dünsten.

6. Mit dem Zucker und dem Chiliöl abschmecken.

7. Mit dem in etwas Wasser angerührten Stärkemehl binden.

8. Mit gekochten Nudeln (Reis- oder Weizennudeln) servieren.

Gedämpfter Schinkenreis

Für 2 Personen
Zubereitungszeit: ca. 1¹/₂ Stunden
430 kcal · 9 g Fett · 19 %

150 g Reis
2 TL Salz
75 g roher Schinken
¹/₂ Bund Frühlingszwiebeln
80 g rote Paprikaschote
1 EL Erdnussöl
80 g grüne Erbsen (TK-Ware)
¹/₂ Bund Schnittlauch
3 EL Austernsauce

1. Den Reis in Salzwasser 5 Minuten kochen, abtropfen lassen.

2. Inzwischen den Schinken würfeln. Frühlingszwiebeln und Paprikaschote putzen, waschen und ebenfalls in kleine Würfel schneiden.

3. Das Erdnussöl in einer Pfanne erhitzen und den Schinken und das Gemüse darin kurz anschwitzen. Erbsen und Reis darunter mischen. Die Masse in feuerfeste Förmchen geben.

4. So viel leicht gesalzenes heißes Wasser dazugießen, dass der Reis knapp bedeckt ist. Die Förmchen müssen groß genug sein, da sich das Reisvolumen etwa verdoppelt.

5. Die Förmchen in einen Dämpfkorb bzw. Topf stellen und etwa 1 Stunde darin garen.

6. Mit klein geschnittenem Schnittlauch bestreuen, mit je 1 Esslöffel Austernsauce überziehen und servieren. (auf dem Foto)

Wan-Tan mit Crevettenfüllung

Für 2 Personen
Zubereitungszeit: ca. 1½ Stunden
500 kcal · 16 g Fett · 29 %

Für den Teig:
1 Rezept Wan-Tan-Teig
(siehe nachfolgendes Rezept)

Für die Füllung:
1 TL Schweineschmalz
30 g Rinderhackfleisch
120 g ausgepulte, fein gehackte Crevetten
1 fein gehackte Zwiebel
80 g eingeweichte, klein-geschnittene Tongupilze
1 EL Tomatenmark
1 EL Sojasauce
1 TL Fünf-Gewürz-Pulver
1 TL geriebener frischer Ingwer
1 EL Maisstärke
Salz
Pfeffer aus der Mühle
Öl zum Frittieren

1. Den Teig entsprechend dem nachfolgenden Rezept zubereiten. Später dann Teigquadrate vorbereiten.

2. Das Schmalz erhitzen. Rinder- sowie Crevettenhack darin unter Rühren braten. Zwiebel und Pilze dazugeben und kurz mitbraten. Die restlichen Zutaten nach und nach darunterrühren.

3. Die Füllung auf die Teigquadrate verteilen. Die Teigecken anheben und in der Mitte zusammendrücken. Dabei die Teignähte fest zusammenkleben. Die Taschen in heißem Fett frittieren.

Wan-Tan mit Hähnchenfüllung

Für 2 Personen
Zubereitungszeit: ca. 1½ Stunden
480 kcal · 16 g Fett · 30 %

Für den Teig:
125 g Weizenmehl
½ Ei
1 Prise Salz

Für die Füllung:
1 Hähnchenbrustfilet
3 eingeweichte Wolkenohrpilze
2 Frühlingszwiebeln
2 EL chinesisches Essiggemüse
3 EL Soja- und Hoisinsauce
½ TL Fünf-Gewürz-Pulver
Salz
Pfeffer aus der Mühle
1 EL Maisstärke
Öl zum Frittieren

1. Mehl auf eine Arbeitsfläche sieben, eine Mulde hineindrücken. Ei, etwa 80 ml Wasser und Salz hineingeben. Alles zu einem geschmeidigen Teig verarbeiten.

2. Diesen in ein feuchtes Tuch wickeln und mindestens ½ Stunde kühl stellen. Ihn später dünn ausrollen und etwa 4 x 4 cm große Quadrate ausschneiden.

3. Während der Teig kühlt, Filets, Pilze, Zwiebeln und Gemüse durch die feine Scheibe eines Fleischwolfs drehen. Alles mit den Würzzutaten abschmecken und die Stärke darunter rühren.

4. Die Füllung auf die Teigquadrate verteilen. Die Teigecken anheben und in der Mitte zusammendrücken. Dabei die Teignähte fest zusammenkleben. Die Taschen in heißem Fett frittieren.

TIPP
Bereiten Sie eine größere Menge Teig und Füllung zu. Die restlichen Wan-Tan können Sie gut einfrieren und im Backofen wieder heiß zubereiten.

Hühnchen in Sauce mit Reis

Für 2 Personen
Zubereitungszeit: ca. 2 Stunden
570 kcal · 19 g Fett · 30 %

200 g Hühnerfleisch von
Schenkeln
100 g Hühnerleber
3 EL Sojasauce
3 getrocknete Tongupilze (auch
Shiitakepilze oder chinesische
Champignons genannt)
1 Zwiebel
2 Knoblauchzehen
150 g Möhren
150 g Brokkolistiele oder Rüb-
stiele (auch Stielmus genannt)
1 EL Öl
ca. 200 ml Hühnerbrühe
Salz
$1/2$ TL weißer Pfeffer
2 TL Zucker
2 TL Maisstärke oder Kartoffelstärke
2–4 getrocknete Chilischoten
3 EL Rotweinessig

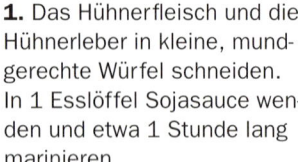

1. Das Hühnerfleisch und die Hühnerleber in kleine, mundgerechte Würfel schneiden. In 1 Esslöffel Sojasauce wenden und etwa 1 Stunde lang marinieren.

2. Die Pilze in lauwarmem Wasser etwa 15 Minuten quellen lassen. Die Zwiebel pellen und fein würfeln, die Knoblauchzehen ebenfalls pellen und durchpressen. Die Möhren schaben und in etwa $1/2$ cm dicke Scheiben schneiden. Die Brokkolistiele putzen, ebenfalls in etwa $1/2$ cm dicke Scheiben schneiden.

3. Die gequollenen Pilze abtropfen lassen, die Einweichflüssigkeit auffangen. Dann die Pilzstiele entfernen und die Pilze in schmale Streifen schneiden.

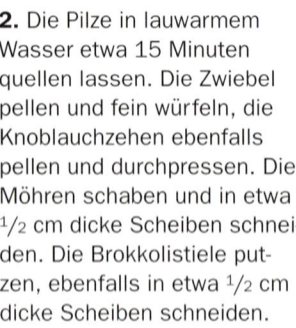

4. Das Öl in einer großen Pfanne erhitzen und die Zwiebel darin anschwitzen. Möhren- und Brokkolischeiben hinzufügen und unter Rühren ebenfalls anbraten. Dann das Hühnerfleisch (nicht die Leber) und den Knoblauch dazugeben und alles unter Rühren 3 bis 4 Minuten braten.

5. Mit der Hühnerbrühe ablöschen und mit den restlichen 2 Esslöffeln Sojasauce, Salz, Pfeffer und Zucker abschmecken. Die Tongupilze und 3 Esslöffel der Einweichflüssigkeit hinzufügen und alles zugedeckt etwa $1/2$ Stunde köcheln lassen, bis Fleisch und Gemüse weich sind.

6. 5 Minuten vor Ende der Garzeit die Hühnerleber hinzufügen.

7. Die Maisstärke mit 3 Esslöffeln Wasser glatt verrühren und in die Sauce geben. So lange unter Rühren kochen lassen, bis die Sauce dicklich geworden ist.

8. Die Chilischoten zerreiben und mit dem Essig verrühren. Das Gericht zusammen mit Langkornreis servieren und die Chilisauce getrennt dazu reichen.

TIPP
Sie können anstelle des Schenkelfleischs auch Hühnerbrust oder Putenfleisch verwenden. In dem Fall verkürzt sich die Garzeit um etwa 20 Minuten. Möhren und Brokkoli müssen dann vorgekocht werden.

Huhn mit Ingwer und Pilzen

Für 2 Personen
Zubereitungszeit: ca. $^3/_4$ Stunde
570 kcal · 19 g Fett · 30 %

6 getrocknete Tongupilze (Shiitakepilze) oder Mu-Err-Pilze
$^1/_2$ Zwiebel
2 Knoblauchzehen
1 TL Öl zum Braten
300 g Hühnerbrust
2–3 Frühlingszwiebeln
30 g frischen Ingwer
2–4 frische rote Chilischoten
2 EL Sojasauce
2 EL gehackte frische Minze
1 EL Zucker
2–3 EL Fischsauce
2 EL Reis- oder Weißweinessig
eventuell etwas Salz
400 g Reis, gegart (Basmati)

1. Die Pilze etwa 15 Minuten in lauwarmem Wasser quellen lassen. Zwiebel und Knoblauchzehen pellen, fein würfeln, beziehungsweise durchpressen. 1 Teelöffel Öl in einer großen Pfanne erhitzen und die Zwiebel darin hellbraun braten. Den Knoblauch hinzufügen und 1 Minute mitbraten. Herausnehmen und beiseite stellen.

2. Das Fleisch in Würfel schneiden. Nun die Pilze abtropfen lassen, die harten Stiele entfernen und die Pilze in feine Streifen schneiden.

3. Die Frühlingszwiebeln putzen und in 1 cm dicke Stückchen schneiden. Den Ingwer schälen und fein hacken. Die Chilischoten entkernen und in dünne Ringe schneiden.

4. Das Hühnerfleisch in dem verbliebenen Öl von allen Seiten scharf anbraten, dann Sojasauce, Pilze, Frühlingszwiebeln, Chilischoten, Ingwer und Minze hinzufügen. Alles unter ständigem Rühren etwa 5 Minuten braten. Gebratene Zwiebeln sowie den Knoblauch darunter mischen. Mit Zucker, Fischsauce, Reisessig und eventuell etwas Salz abschmecken.

5. Das Huhn mit Basmatireis als Beilage servieren.

Hühnerfleisch süßsauer

Für 2 Personen
Zubereitungszeit: ca. $^1/_2$ Stunde
620 kcal · 21 g Fett · 30 %

2 Hühnerbrüstchen
Salz, Pfeffer aus der Mühle
1 EL Sesamöl
1 Zwiebel
1 rote und 1 grüne Paprikaschote
2 Scheiben Ananas
1 EL Tomatenmark
2 EL Essig

1 EL Sojasauce
150 ml Geflügelbrühe
1 EL Sojapaste
einige Tropfen Chiliöl
1 EL Stärkemehl
$^1/_2$ TL Glutamat

1. Die Hühnerbrüstchen unter fließendem Wasser abwaschen und trockentupfen.

2. In dünne Scheiben schneiden, mit Salz und Pfeffer würzen.

3. Das Sesamöl in einer entsprechenden Pfanne erhitzen und die Hühnerfleischscheiben darin scharf anbraten, herausnehmen und warm stellen.

4. Zwiebel, Paprikaschoten und Ananasscheiben in Würfel schneiden, ins verbliebene Bratfett geben und 5 Minuten glasig schwitzen.

5. Das Tomatenmark mit dem Essig, der Sojasauce, der Geflügelbrühe, der Sojapaste und dem Chiliöl glatt rühren.

6. Das Stärkemehl darunterziehen und das Gemüse damit binden. Mit dem Glutamat, Salz und Pfeffer abschmecken.

7. Die Hühnerfleischscheiben dazugeben, einmal aufkochen lassen und sofort servieren.

Ente mit Tamarindensauce

Für 2 Personen
Zubereitungszeit: ca. ¹/₂ Stunde
550 kcal · 18 g Fett · 29 %

2 EL Tamarindenextrakt
100 ml warmes Wasser
2 EL brauner Zucker
2 EL Fischsauce
6 Knoblauchzehen
4 Schalotten
2 Scheiben Ananas aus der
Dose
1 Entenbrust à ca. 200 g
etwas Salz
schwarzer Pfeffer aus der
Mühle
400 g gedämpfter Jasminreis

1. Das Tamarindenextrakt mit dem warmen Wasser übergießen und 10 Minuten stehen lassen. Dann von Hand gut durchkneten, bis sich die Kerne lösen und ein dunkelbrauner Sud übrigbleibt. Diesen durch ein grobmaschiges Sieb in eine Schüssel streichen.

2. Den Zucker und die Fischsauce zum Tamarindensaft geben. Alle Knoblauchzehen und die Schalotten schälen. 2 Knoblauchzehen durch die Presse drücken und zu den Zutaten in der Schüssel geben. Restliche Knoblauchzehen und Schalotten in feine Streifchen schneiden. Die Ananasscheiben aus der Dose in Stücke schneiden.

3. Die Entenbrust abwaschen, trockentupfen und mit der Haut in 2 cm breite Streifen schneiden. Sie mit der Hautseite nach unten bei starker Hitze in einer Pfanne ohne Fettzugabe solange braten, bis die Haut kross und sehr braun ist und fast das gesamte Fett ausgelaufen ist. Die Hitze herunterschalten, die Streifen wenden und weitere 2 Minuten braten. Sie dann aus der Pfanne nehmen.

4. Das ausgetretene Fett bis auf etwa 1 Esslöffel abgießen. Die Knoblauch- und die Schalottenstreifen darin braun braten, mit der vorbereiteten Sauce ablöschen und kurz aufkochen.

5. Die Entenbruststreifen und die Ananasstücke hinzufügen, kurz erhitzen und mit etwas Salz und schwarzem Pfeffer abschmecken.

6. Mit gedämpftem Jasminreis servieren.

Lammspieße

Für 2 Personen
Zubereitungszeit: ca. 50 Minuten
(plus 24 Stunden Zeit zum Marinieren)
470 kcal · 10 g Fett · 19 %

400 g Lammfleisch
1 EL Zitronensaft
1 Zwiebel
2 Knoblauchzehen
2 cm Ingwer
200 g Jogurt (1,5% Fett)
1 EL Rotweinessig
1 TL Garam Masala
1 TL Paprikapulver
etwas Salz
300 g gedämpfter Reis
(Basmati-Reis)

1. Das Lammfleisch waschen und in 2 bis 3 cm große Würfel schneiden. Dabei das Fett vom Fleisch entfernen.

Lammspieße

2. Den Zitronensaft auf das Fleisch träufeln. Die Zwiebel schälen und die Hälfte davon sehr fein hacken. Danach den Knoblauch sowie den Ingwer schälen. Knoblauch, Ingwer und Zwiebelwürfel zusammen mit Jogurt, Essig, Garam Masala, Paprikapulver sowie Salz in einen Mixer geben und das Ganze 2 bis 3 Minuten lang pürieren, bis eine cremige Sauce entsteht.

3. Die Lammstücke in einer Schüssel mit der Sauce vermengen. In den Kühlschrank stellen und in 24 Stunden durchziehen lassen.

4. Nach dem Marinieren den Grill vorheizen. Die restliche Zwiebel in mundgerechte Stücke schneiden und diese abwechselnd mit den Lammfleischwürfeln auf Metallspieße stecken.

5. Zum Schluss die Spieße etwa 20 Minuten unter gelegentlichem Wenden grillen, bis das Fleisch bräunt.

6. Lammspieße mit gegartem Basmatireis servieren.

TIPP
Die Lammspieße eignen sich auch hervorragend für Ihre sommerliche Grillparty. Servieren Sie dann eine kleine Auswahl verschiedener Chutneys und etwas Fladenbrot dazu.

Hauptgerichte mit Fisch

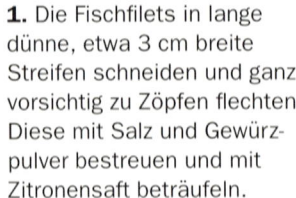

Gedämpfter Fischzopf

Für 2 Personen
Zubereitungszeit: ca. 1½ Stunden
(davon Marinierzeit: ca. ½ Stunde)
260 kcal · 3 g Fett · 10 %

Für den Fisch:
400 g bratfertige Seelachsfilets
etwas Salz
1 TL Fünf-Gewürz-Pulver
Saft von 1 Zitrone

Für die Marinade:
½ TL grob zerstoßene Anis-samen
½ TL grob gemahlener Szetschuanpfeffer
2 EL Sojasauce
1 EL Austernsauce
1 TL Honig
1–2 EL Schnittlauchröllchen

Außerdem:
4–5 große Sauerampferblätter
reichlich Essigwasser

1. Die Fischfilets in lange dünne, etwa 3 cm breite Streifen schneiden und ganz vorsichtig zu Zöpfen flechten. Diese mit Salz und Gewürz-pulver bestreuen und mit Zitronensaft beträufeln.

2. Die Zutaten für die Marina-de verrühren, die Zöpfe damit bestreichen und sie mindestens ½ Stunde durchziehen lassen.

3. Einen Dampfkorb mit Sauerampferblättern ausle-gen, die Fischzöpfe vorsichtig hineingeben und das Ganze über kochendem Essigwasser 20 bis 25 Minuten im Wok dämpfen.

Fischcurry

Für 2 Personen
Zubereitungszeit: ca. 40 Minuten
700 kcal · 20 g Fett · 26 %

400 g bratfertige Rotbarsch-filets
Salz
Saft von ½ Zitrone
1 EL Mehl
1 EL Butterschmalz
1 EL gehackte Mandeln
250 g geschälte Äpfel, in Würfeln
50 g Rosinen
1–2 TL Currypulver
150 g Jogurt (1,5% Fett)
etwas Zucker
300 g gedämpfter Reis

1. Den Fisch salzen, mit Zitro-nensaft beträufeln und etwa 10 Minuten durchziehen las-sen. Ihn dann trockentupfen, in Würfel schneiden und mit Mehl bestäuben.

2. Das Fett in einer Pfanne erhitzen. Fisch und Mandeln darin von allen Seiten an-braten. Äpfel hinzufügen und mitdünsten.

Gedämpfter Fischzopf

3. Alles mit Curry bestäuben. Rosinen und Jogurt zufügen, alles durchschmoren lassen und mit Curry und Zucker abschmecken.

4. Reis nach Rezept zubereiten und zum Fisch reichen.

Scharfer Fisch

Für 2 Personen
Zubereitungszeit: ca. 40 Minuten
330 kcal · 7 g Fett · 19 %

1 rote Chilischote
2 Tomaten
1 EL Sesamöl
1 fein gehackte Zwiebel
1 EL Essig
Salz
schwarzer Pfeffer aus der Mühle
250 g bratfertige Fischfilets
(z.B. Scholle, Barsch, Kabeljau)
300 g gedämpfter Reis

1. Die Chilischote entkernen und fein hacken. Die Tomaten überbrühen, enthäuten, von den Stielansätzen befreien und würfeln.

2. Das Öl in einer Pfanne erhitzen und die Zwiebel darin goldgelb braten. Tomaten, Essig sowie Chili dazugeben, mit Salz und Pfeffer abschmecken. Die Sauce abgedeckt etwa 5 Minuten einköcheln lassen.

3. Den Fisch hineingeben, mit der Sauce bedecken und 10 bis 15 Minuten garen. Gedämpften Reis zubereiten und zum Fisch reichen.

Nudeln
in Safransauce

Für 2 Personen
Zubereitungszeit: ca. 1 Stunde
690 kcal · 22 g Fett · 29 %

250 g Bandnudeln
Salz
100 g ausgelöste Crevetten
1 Knoblauchzehe
1 Frühlingszwiebel
5 g junge Ingwerwurzel
2 EL Traubenkernöl
1 Msp. Safranpulver
50 ml süße Sahne
200 ml Kokosmilch
weißer Pfeffer aus der Mühle
1 Zweig Kerbel

1. Die Nudeln in Salzwasser bissfest kochen, abschrecken und gut abtropfen lassen. Die Crevetten kurz waschen.

2. Die Knoblauchzehe schälen und fein hacken. Die Frühlingszwiebel putzen, waschen und in 1 cm große Stücke schneiden. Den Ingwer schälen und fein hacken. Den Kerbel waschen und die Blätter von den Stielen zupfen.

3. 1 Esslöffel Öl im Wok erhitzen, ihn damit ausschwenken und das Öl wieder abgießen. Diesen Vorgang einmal wiederholen.

4. Dann noch etwas Öl im Wok erhitzen und nun den Ingwer, den Knoblauch und die Frühlingszwiebel darin kurz anbraten. Den Safran, die Sahne und die Kokosmilch dazugeben und sie auf die Hälfte reduzieren lassen.

5. Die Nudeln und die Crevetten in der Sauce kurz erwärmen. Das Gericht mit etwas Salz und Pfeffer abschmecken und mit den Kerbelblättchen garnieren.

Gebratene Nudeln mit Krabben

Für 2 Personen
Zubereitungszeit: ca. $^3/_4$ Stunde
680 kcal · 21 g Fett · 28 %

200 g Bandnudeln
Salz
90 g ausgelöste Krabben
60 g Bambussprossen (aus
der Dose)
1 Knoblauchzehe
50 g Kirschtomaten
$^1/_2$ Bund Basilikum
3 EL Traubenkernöl
1 EL Tomatenketchup
1 EL Sojasauce
$^1/_2$ TL Shrimpspaste
weißer Pfeffer aus der Mühle
6 Blätter Basilikum

1. Die Nudeln in Salzwasser
bissfest kochen, abschrecken
und gut abtropfen lassen.

2. Die Krabben waschen und
trockentupfen. Die Bambussprossen abtropfen lassen
und in Streifen schneiden. Die
Knoblauchzehe schälen und
fein hacken. Die Kirschtomaten waschen und halbieren.
Das Basilikum waschen und
in feine Streifen schneiden.
2 Blätter für die Garnitur beiseite legen.

3. 1 Esslöffel Öl im Wok erhitzen, ihn damit ausschwenken und das Öl wieder abgießen. Diesen Vorgang einmal
wiederholen.

4. Dann noch etwas Öl im
Wok erhitzen und nun die Nudeln darin kurz anbraten. Das
vorbereitete Gemüse und die
Basilikumstreifen in den Wok
geben und kurz darin erhitzen.

5. Das Gericht mit Ketschup,
Sojasauce, Shrimpspaste,
Salz und Pfeffer abschme-
cken und mit den Basilikum-
blättern garnieren.

Gedämpfte Fischroulade

Für 2 Personen
Zubereitungszeit: ca. 1$^1/_2$ Stunden
(davon Marinierzeit: ca. $^1/_2$ Stunde)
390 kcal · 11 g Fett · 25 %

Für die Marinade:
Saft von 1 kleinen Zitrone
1 EL Sojasauce
1 EL Austernsauce
1 EL Pflaumensauce
1 Schuss Reiswein
etwas Salz
etwas gemahlener Szetschuanpfeffer

Für die Rouladen:
350 g bratfertige Fischfilets
(z.B. Scholle, Kabeljau), in
Würfeln
ca. 50 g Sojabohnen-
keimlinge
ca. 50 g grüne TK-Erbsen
2 eingeweichte chinesische
Pilze, in Streifen
1–2 EL gehackte Walnüsse
1 kleines Ei
1 EL Speisestärke
6–8 blanchierte Chinakohlblätter
reichlich Essigwasser

1. Die Zutaten für die Marinade gut verrühren, mit dem
Fisch in eine Schüssel geben
und das Ganze mindestens
$^1/_2$ Stunde ziehen lassen.

2. Keimlinge, Erbsen, Pilze,
Nüsse, Ei und Stärke zum
Fisch geben, alles mischen
und abschmecken.

3. Je 3 bis 4 Chinakohlblätter
übereinanderlegen, jeweils
die Hälfte der Fischmasse
darauf geben und alles zusammenrollen.

4. Die Rouladen in einen
Dampfkorb legen und über
kochendem Essigwasser
im Wok 25 bis 30 Minuten
dämpfen.

Bombay Fischcurry

Für 2 Personen
Zubereitungszeit: ca. 35 Minuten
470 kcal · 15 g Fett · 29 %

400 g Kabeljaufilets
1 Zwiebel
2 Knoblauchzehen
4–5 cm Ingwer
2 EL Öl
¹/₂ TL Kurkumapulver
¹/₂ TL Chilipulver
¹/₂ TL gemahlener Kreuz-
kümmel
¹/₂ TL gemahlener Koriander
¹/₂ TL Garam Masala
etwas Salz
2 Tomaten
1 frische, grüne Peperoni
1 EL gehackte Korianderblätter
zum Bestreuen
300 g Basmatireis, gekocht

1. Die Fischfilets waschen, gut abtrocknen und in mundgerechte Stücke schneiden.

2. Zwiebeln, Knoblauchzehen sowie Ingwer schälen und fein hacken.

3. Das Öl in einem großen Topf erhitzen. Zwiebel, Knoblauch und Ingwer darin goldbraun braten.

4. Danach alle Gewürze hinzufügen und für etwa 1 Minute weiterbraten. Die Fischstücke dazugeben und vorsichtig darunter heben. Bei Bedarf etwas Wasser dazugießen.

5. Inzwischen die Tomaten und die Peperoni waschen, in kleine Würfel schneiden und unter das Fischcurry mischen. Den Fisch zugedeckt etwa 5 Minuten köcheln lassen.

6. Zum Schluss die Korianderblätter darauf streuen und das Gericht mit Basmatireis servieren.

Gegrilltes Fischsteak

Für 2 Personen
Zubereitungszeit: ca. 1 Stunde
260 kcal · 5 g Fett · 17 %

1 TL fein geriebener Ingwer
2 EL Sojasauce
3 EL japanischer Reiswein
(Sake)
¹/₂ EL brauner Zucker
2 bratfertige Fischfilets (z. B.
Tunfisch, Heilbutt), à 200 g

1. Ingwer, Sojasauce, Reiswein und Zucker gut mischen. Den Fisch hineingeben und etwa ¹/₂ Stunde marinieren lassen.

2. Inzwischen den Backofengrill vorheizen oder ein Holzkohlefeuer durchglühen lassen. Die Steaks von jeder Seite etwa 7 Minuten grillen. Sie dabei einige Male mit der Marinade bepinseln.

TIPP
Zu den gegrillten Fischsteaks passt Langkornreis.

Fischragout in Currysauce

Für 2 Personen
Zubereitungszeit: ca. ¹/₂ Stunde
270 kcal · 9 g Fett · 30 %

250 g Fischfilet (z. B. Rotbarsch
oder Dorsch)
80 g rote Paprikaschote
2 Frühlingszwiebeln
2 Zitronenblätter
1 TL Öl
1 EL rote Currypaste
200 ml ungesüßte Kokosmilch
(aus der Dose)
2 EL Fischsauce
1 TL brauner Zucker
1 TL Limettensaft

Fischragout in Currysauce (links)

1. Den Fisch unter fließendem Wasser abwaschen, trockentupfen und in etwa 3 cm breite Streifen schneiden.

2. Die Paprikaschote waschen, halbieren, entkernen und in feine Streifen schneiden. Frühlingszwiebeln putzen und waschen. Sie mit dem Grün in feine Ringe schneiden. Die gewaschenen und trockengetupften Zitronenblätter mit einer Schere in feine Streifen schneiden.

3. Das Öl in einer Pfanne erhitzen und die Currypaste darin andünsten. Sie mit der Kokosmilch ablöschen und mit Fischsauce, Zucker und Limettensaft würzen. Die Paprikastreifen und die Frühlingszwiebelringe dazugeben und die Sauce aufkochen.

4. Die Fischstücke hinzufügen und bei schwacher Hitze etwa 3 Minuten darin ziehen lassen. Zum Schluss mit den Zitronenblättern bestreuen.

TIPPS

Manche Fischsorten schmecken in bestimmten Monaten frisch besonders gut. Lassen Sie sich von Ihrem Fischhändler beraten.
Am besten nehmen Sie Jasminreis als Beilage.

Fischcurry auf bengalische Art

Für 2 Personen
Zubereitungszeit: ca. 1/2 Stunde
330 kcal · 10 g Fett · 27 %

400 g Fischfilets (z.B. Seelachs
oder Kabeljau)
2 EL Zitronensaft
etwas Salz
2 EL Kichererbsenmehl
2 EL Jogurt (1,5% Fett)
1/2 Zwiebel
1 Knoblauchzehe
1 EL Öl
1/2 TL Kurkuma
1/2 TL gemahlener Koriander
1/2 TL gemahlener Kreuz-
kümmel
1/2 TL Chilipulver
1/2 TL gemahlene Bockshorn-
kleesamen
1 EL Tomatenmark

1. Die Fischfilets waschen, trockentupfen und in etwa 8 gleich große Stücke schneiden. Den Zitronensaft auf diese Stücke träufeln. Dann das Salz in die Filets einreiben und sie in dem Kichererbsenmehl wenden. Anschließend den Jogurt auf den Filets schön gleichmäßig verteilen.

2. Die Zwiebel und die Knoblauchzehe schälen und fein hacken. Das Öl in einem Topf erhitzen. Zwiebel und Knoblauch darin goldgelb rösten.

3. Danach alle Gewürze sowie die Filetstücke dazugeben. Den Fisch etwa 5 Minuten auf beiden Seiten braten.

4. Zum Schluss das Tomatenmark mit der gleichen Menge Wasser dazugießen und alles zugedeckt noch für einige Minuten ziehen lassen.

TIPPS
Das Fisch-Curry schmeckt zusammen mit dem aromatischen Basmatireis ganz besonders gut.
Wenn es ein Festessen werden soll, können Sie sehr gut Viktoriabarsch verwenden.

Gebratener Reis mit Jakobsmuscheln und Brokkoli

Für 2 Personen
Zubereitungszeit: ca. 1/2 Stunde
430 kcal · 14 g Fett · 29 %

200 g Jakobsmuscheln
80 g Brokkoli
1 Frühlingszwiebel
2 kleine frische Eier
1 TL Salz
schwarzer Pfeffer aus der
Mühle
1 EL Öl
40 g fein gehackter roher
Schinken
400 g gekochter, abgekühlter
Reis (am besten vom Vortag)

1. Die Jakobsmuscheln waschen und in einem Sieb gut abtropfen lassen. Das Muschelfleisch in Würfel schneiden.

2. Den Brokkoli und die Frühlingszwiebel putzen, waschen und in kleine Stücke schneiden. Die Eier mit Salz und Pfeffer verquirlen.

3. Nun 1 Teelöffel Öl im Wok erhitzen, ihn damit ausschwenken und das Öl wieder abgießen. Diesen Vorgang einmal wiederholen.

4. Dann 1 Teelöffel Öl im Wok erhitzen. Die Eimasse darin unter ständigem Rühren kurz braten. Aus dem Wok nehmen und warm stellen.

5. 1 Teelöffel Öl im Wok erhitzen. Den Schinken, den Brokkoli und die Jakobsmuscheln darin unter ständigem Rühren 3 Minuten braten. Dann den Reis unterheben und rundherum scharf anbraten.

6. Die Eimasse und die Frühlingszwiebel hinzugeben und kurz mitbraten. Alles mit Salz und Pfeffer abschmecken, servieren.

Fisch in roter Sauce

Fisch in roter Sauce

Für 2 Personen
Zubereitungszeit: ca. ³/₄ Stunde
400 kcal · 13 g Fett · 29 %

1 Zwiebel
1 rote Pfefferschote
2 Tomaten
1 EL Sojaöl
1 EL Essig
Salz
schwarzer Pfeffer aus der
Mühle
300 g küchenfertige
Goldbarschfilets
3 EL feingehackte
Korianderblätter
300 g Basmatireis, gekocht

1. Die Zwiebel fein hacken. Die Pfefferschote längs halbieren, entkernen und ebenfalls fein hacken. Die Tomaten über Kreuz einritzen, mit kochendem Wasser überbrühen, vom Stielansatz befreien, enthäuten und das Fruchtfleisch würfeln.

2. Das Öl in einer Pfanne erhitzen und die Zwiebel darin goldbraun braten. Pfefferschoten, Tomaten und Essig hinzufügen. Die Sauce mit Salz und Pfeffer abschmecken und zugedeckt etwa 20 Minuten köcheln lassen.

3. Die Fischfilets in die Pfanne geben, mit Sauce bedecken und darin 12 bis 15 Minuten garen. Kurz vor dem Servieren die Korianderblätter unter die Sauce ziehen.

4. Gekochten Basmatireis zum Fisch servieren.

TIPP
Für dieses Gericht eignen sich auch Schollen- oder Kabeljaufilets. Wenn Sie keinen frischen Koriander erhalten, können Sie ersatzweise auch frische Pfefferminzblätter verwenden.

Vegetarische Hauptgerichte

Linsen-Wirsing-Gemüse

Für 2 Personen
Zubereitungszeit: ca. 1 Stunde
350 kcal · 11 g Fett · 28 %

400 ml Gemüsebrühe
120 g braune Linsen
1 mittelgroße Zwiebel
1 kleine Möhre
1 Wirsingkohl (etwa 500 g)
1 EL Öl
1 ½ TL Speisestärke
frisch gemahlener schwarzer
Pfeffer
Salz
1–1 ½ EL Essig

1. Die Gemüsebrühe in einem Topf zum Kochen bringen, die Linsen darin zugedeckt bei milder Hitze ½ bis ¾ Stunde nur knapp gar kochen. Anschließend die Linsen abtropfen lassen und die Brühe auffangen.

2. Die Zwiebel und die Möhre fein würfeln. Den Wirsing in schmale Streifen schneiden. Das Öl im Wok erhitzen, die Zwiebel- und die Möhrenwürfel darin kurz anbraten, dann den Wirsing hineinrühren und mitbraten. Die Linsen darunter mischen.

3. Die Brühe mit der Stärke binden und in den Wok gießen, alles noch kurz aufkochen. Das Gemüse mit Pfeffer, Salz und Essig abschmecken.

TIPP
Zu dem Linsen-Wirsing-Gemüse passt am besten Fladenbrot.

Gefüllte Reis-Linsen-Fladen

Für 2 Personen
Zubereitungszeit: ca. ¾ Stunde
(plus Quellzeit über Nacht und
ca. 5 Stunden Zeit zum Ruhen)
340 kcal · 11 g Fett · 29 %

Für die Fladen:
200 g Rundkornreis
100 g Urad Dal
etwas Salz

Für die Füllung:
400 g Kartoffeln
3 cm Ingwer
2 frische, grüne Peperoni
4 EL Öl
1 TL Kreuzkümmel
1 TL Senfkörner
½ TL Kurkumapulver
etwas Salz

1. Den Reis und das Dal getrennt in zwei Schüsseln mit reichlich Wasser über Nacht einweichen. Danach zusammen mit dem Einweichwasser getrennt in einem Mixer zu Brei pürieren.

2. Beide Pürees und etwas Salz in eine große Schüssel geben und gut verrühren. Das Püree zugedeckt an einem warmen Ort etwa 5 Stunden ruhen lassen.

3. Anschließend die Kartoffeln in etwa 25 Minuten weich kochen, schälen und ganz grob zerdrücken. Den Ingwer schälen und die Peperoni putzen. Beides fein hacken.

Gefüllte Reis-Linsen-Fladen

4. In einem Topf das Öl erhitzen. Kreuzkümmel und Senfkörner darin rösten. Nun Kurkuma, Salz, Kartoffeln, Ingwer, Peperoni und etwas Salz hinzufügen. Das Ganze etwa 5 Minuten braten, dann beiseite stellen

5. Die Pfanne auf mittlere Hitze vorwärmen. Einen Teelöffel Öl darin erhitzen. Inzwischen den Teig noch einmal schlagen. Er sollte zähflüssig sein.

6. Wenn die Pfanne heiß genug ist, jeweils 4 Esslöffel des Teiges in die Pfanne gießen. Mit dem Löffelrücken von der Mitte her kreisförmig und dünn ausstreichen und den Fladen von beiden Seiten in 2 bis 3 Minuten goldbraun braten.

7. Nun etwa 2 Esslöffel der Füllung auf einen Fladen geben und diesen dann zusammenklappen. Mit dem Rest ebenso verfahren.

TIPP
Die gefüllten Fladen können auch als Zwischenmahlzeit serviert werden.

Zuckerschoten mit zweierlei Pilzen

Für 2 Personen
Zubereitungszeit: ca. ½ Stunde
220 kcal · 7 g Fett · 29 %

je 3–4 eingeweichte Tongu-
und Wolkenohrpilze
2 Frühlingszwiebeln
250 g Zuckerschoten
1 Knoblauchzehe
1 EL Sesamöl
75 ml Gemüsefond aus
dem Glas
je 1 EL Sojasauce, Obstessig
und Honig
etwas Salz
Pfeffer aus der Mühle
1 Prise Cayennepfeffer
1–2 EL gehacktes
Koriandergrün

1. Die Pilze von den harten
Stielen befreien und in Streifen schneiden. Die Frühlingszwiebeln putzen und in Stücke
schneiden. Die Zuckerschoten
eventuell quer halbieren. Die
Knoblauchzehe fein hacken.

2. Das Öl in einem Wok erhitzen. Pilze, Zuckerschoten,
Zwiebeln und Knoblauch dazugeben und alles unter Rühren
braten.

3. Gemüsefond, Sojasauce,
Obstessig und Honig mischen,
zum Gemüse geben und das
Ganze kurz aufkochen lassen.

4. Das Gemüse abschmecken,
mit Koriandergrün bestreuen.
(auf dem Foto oben)

Sojabohnengemüse

Für 2 Personen
Zubereitungszeit: ca. 20 Minuten
340 kcal · 9 g Fett · 24 %

½ Bund Frühlingszwiebeln
1 Knoblauchzehe
etwas Salz
½ eingelegte Ingwernuss
2 ½ EL Sesamöl
250 g Sojabohnenkeimlinge
3 EL Gemüsefond aus dem Glas
1–2 EL Sojasauce
1 EL Hoisinsauce
weißer Pfeffer aus der Mühle
1 Prise Cayennepfeffer
1 Prise Zucker
2 EL Schnittlauchröllchen
100 g Reisnudeln

1. Die Frühlingszwiebeln in
Stücke schneiden. Die Knoblauchzehe mit Salz verreiben.
Die Ingwernuss in feine Würfel schneiden.

2. Anschließend das Sesamöl in einem Wok erhitzen,
Zwiebeln, Knoblauch, Ingwer
und Bohnenkeimlinge dazu-
geben und alles unter Rühren
braten.

3. Inzwischen die Reisnudeln
nach Anleitung kochen.

4. Gemüsefond, Soja- und die
Hoisinsauce unter das Gemüse rühren und das Ganze kurz
aufkochen lassen.

5. Das Bohnengemüse kräftig
würzen, mit dem Schnitt-
lauch bestreuen und mit den
Nudeln servieren.
(auf dem Foto: Mitte)

Reis in Kokosmilch

Für 2 Personen
Zubereitungszeit: ca. ½ Stunde
310 kcal · 1 g Fett · 3 %

150 g Reis
knapp 300 ml Kokosmilch
(Fertigprodukt)
1–2 TL Salz
1 TL Zucker

1. Den Reis in einem Sieb
unter fließendem Wasser
spülen und abtropfen lassen.

2. Zusammen mit der Kokosmilch in einen Topf geben,
Salz und Zucker hinzufügen.
Alles offen 10 Minuten
sprudelnd kochen lassen.

3. Den Topf verschließen und
den Reis auf kleinster Flam-
me ungefähr 10 bis 15 Mi-
nuten ausquellen lassen. Dazu können Sie ein beliebiges
Fleisch- oder Fischgericht
reichen.

Kartoffeln in Jogurtsauce

Für 2 Personen
Zubereitungszeit: ca. 1¹/₂ Stunden
(davon Kühlzeit: ca. 1 Stunde)
ca. 220 kcal · 6 g Fett · 25 %

400 g Kartoffeln
300 g Vollmilchjogurt
¹/₂ TL Chat Masala
¹/₂ TL Garam Masala
¹/₂ TL Chilipulver
¹/₂ TL gemahlener Kreuz-
kümmel
etwas Salz
1 EL gehackte Korianderblätter

1. Die Kartoffeln in reichlich Wasser geben und in etwa 20 Minuten weich kochen. Schälen und in kleine Würfel schneiden.

2. Den Jogurt in einer Schüssel mit 2–3 Esslöffeln Wasser glatt rühren.

3. Die Kartoffelwürfel unter den Jogurt mischen. Alle Gewürze der Reihe nach darauf streuen.

4. Anschließend das Salz und die Korianderblätter ebenfalls hinzufügen und das Ganze sorgfältig mischen.

5. Die Kartoffeln vor dem Servieren im Kühlschrank etwa 1 Stunde abkühlen lassen. (auf dem Foto)

TIPPS
Die Kartoffeln in Jogurtsauce sind eine köstliche Beilage zu Fleischgerichten.
Zur Abwechslung können Sie anstelle der Kartoffeln auch etwa ¹/₂ Blumenkohl verwenden.

Tofu mit Gemüse

Für 2 Personen
Zubereitungszeit: ca. ¹/₂ Stunde
360 kcal · 12 g Fett · 30 %

1 fein gewürfelte Knoblauch-
zehe
1 TL fein gewürfelter Ingwer
1 entkernte gewürfelte
Chilischote nach Belieben
1 EL Sojasauce
1 EL Reisessig
¹/₂ TL schwarze Bohnenpaste
1 EL feste geraspelte Kokos-
creme
1 Messerspitze Speisestärke
100 g Tofu
100 g Lauch
100 g Möhren
100 g Champignons
2 TL Öl
400 g gedämpfter Reis

1. Den Knoblauch mit Ingwer, eventuell Chilischote, Sojasauce, Reisessig, Bohnenpaste, Kokoscreme, 30 ml Wasser und Speisestärke verquirlen. Den Tofu in Scheiben und dann in Stücke schneiden und darin wenden.

2. Den Lauch, die Möhren und die Champignons in dünne, schräge Ringe bzw. Scheiben schneiden.

3. Das Öl im Wok erhitzen, die Möhren- und die Lauchscheiben unter Rühren anbraten, dann die Champignons hinzufügen.

4. Den Tofu und die Marinade in den Wok geben, alles vorsichtig verrühren und kurz durchkochen.

5. Das Gericht mit gedämpftem Reis (z. B. in Kokosmilch, s. Seite 62) servieren.

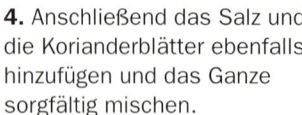

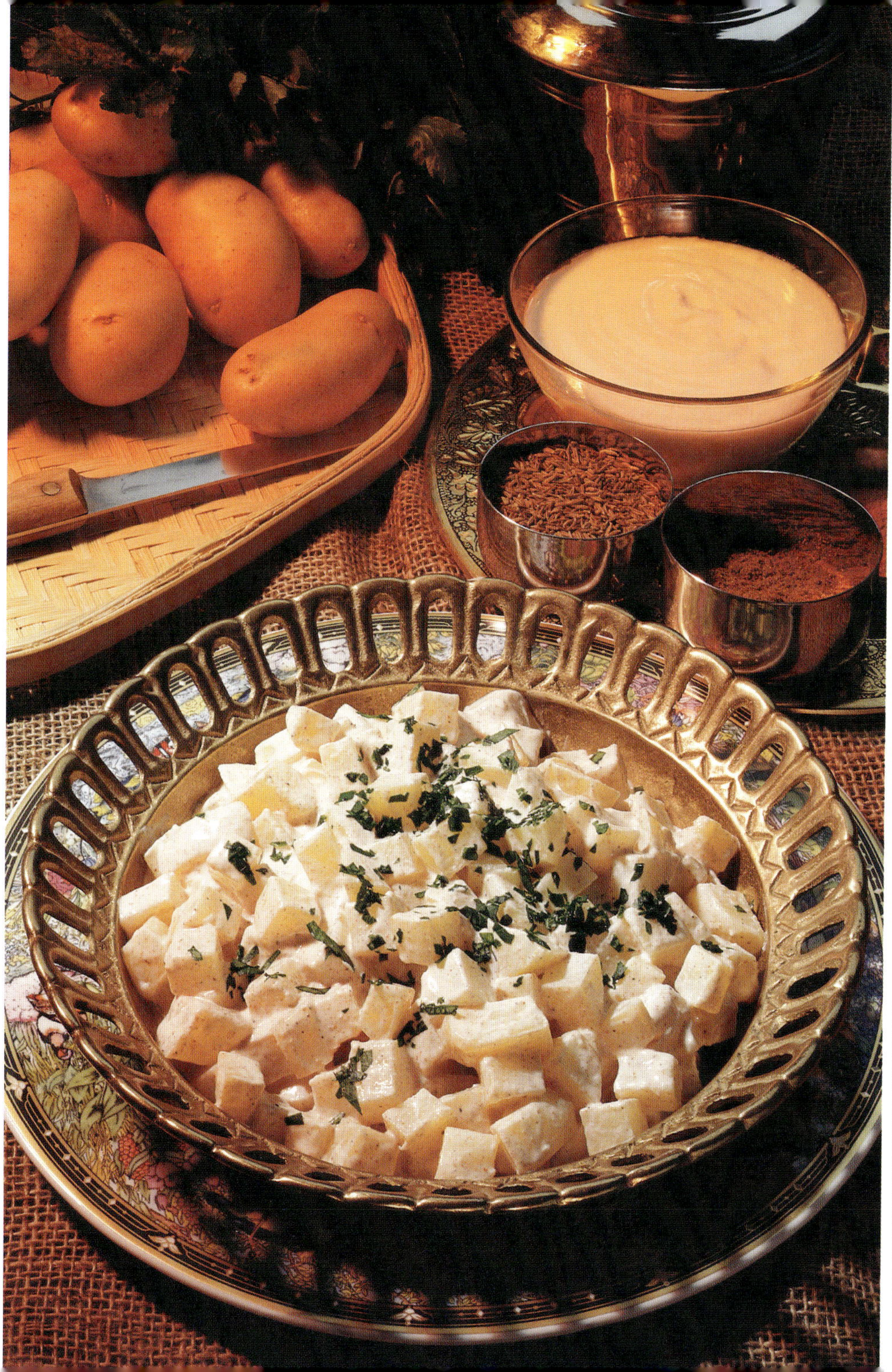

Pfannengerührter Kohl

Für 2 Personen
Zubereitungszeit: ca. ¹/₂ Stunde
330 kcal · 10 g Fett · 27 %

*400 g geraspelte Weißkohl-
blätter*
*¹/₂ rote Paprikaschote, in
Streifen*
Salz
1 frische rote Chilischote
1 EL Butterschmalz
1 fein gewürfelte Zwiebel
1 fein gehackte Knoblauchzehe
1 TL fein geriebener Ingwer
1 EL Tomatenmark
1 EL Essig
2–3 EL Sojasauce
¹/₂ TL brauner Zucker
*schwarzer Pfeffer aus der
Mühle*
¹/₈ l Gemüsefond aus dem Glas
1–2 EL Schnittlauchröllchen
2 Fladenbrote

1. Kohl und Paprika in kochendem Salzwasser kurz
blanchieren. Die Chilischote
entkernen und fein hacken.

2. Fett erhitzen. Zwiebel,
Knoblauch, Chili und Gemüse
darin unter Rühren braten.
Die Würzzutaten und den
Fond dazugeben, alles aufkochen, abschmecken und
mit Schnittlauch bestreuen.

3. Den Kohl mit Fladenbrot
servieren.

Gefüllte Kartoffeln

Für 2 Personen
Zubereitungszeit: ca. 1¹/₄ Stunden
330 kcal · 11 g · 30 %

Für die Kartoffeln:
4 große Kartoffeln (à 150 g)
75 g grüne TK-Erbsen
etwas Salz
4 Nelken

Für die Sauce:
1 Zwiebel
1 Tomate
1 cm Ingwer
1 EL Öl
1 TL braune Senfkörner
1 Lorbeerblatt
¹/₂ TL gemahlener Koriander
¹/₂ TL Chilipulver
¹/₂ TL Kurkumapulver
75 g saure Sahne 10% Fett
1 EL gehackte Korianderblätter

1. Die Kartoffeln schälen, der
Länge nach halbieren und das
Innere herausschneiden.

2. Das Kartoffelinnere zusammen mit den Erbsen in ¹/₈ Liter Salzwasser geben und in
etwa 45 Minuten sehr weich
kochen.

3. Das Ganze anschließend
abgießen und mit einer Gabel
sehr fein zerdrücken. Diese
Masse nun in die Kartoffel-
hälften füllen und jeweils
2 Hälften mit einem Zahnsto-
cher wieder zusammenfügen.

4. Nun in jede Kartoffel jeweils eine Nelke stecken und
das Ganze beiseite stellen.

5. Für die Sauce die Zwiebel
sowie den Ingwer schälen und
beides fein hacken. Die Tomate waschen, putzen und in
kleine Würfel schneiden.

6. Das Öl in einer Pfanne erhitzen. Die Senfkörner und
das Lorbeerblatt darin anrösten. Die Zwiebeln hinzufügen
und goldgelb braten. Die Tomate und den Ingwer mit den
restlichen Gewürzen dazugeben und kurz mitbraten. Den
Herd ausschalten. Den Backofen auf 200 °C vorheizen.

7. Die saure Sahne mit etwas
Wasser glatt rühren und unter
die Gemüse-Gewürz-Masse
geben. Die Kartoffeln in eine
feuerfeste, leicht gefettete
Form legen und die Sauer-
rahmsauce darauf verteilen.
Das Ganze zugedeckt etwa
¹/₂ Stunde im Ofen garen.

8. Die Kartoffeln vor dem
Servieren mit den Korianderblättern bestreuen.
(auf dem Foto)

TIPPS
*Reichen Sie zu den gefüllten
Kartoffeln Reis oder Brot.
Mit diesen „Überraschungs-
päckchen" ernten Sie auf
einer Party sicherlich viel Lob.*

Gemüsedreierlei

Für 2 Personen
Zubereitungszeit: ca. $1/2$ Stunde
ca. 290 kcal · 9 g Fett · 28 %

je 125 g Weißkohl, Chinakohl
und Lauch
3 TL Sesamöl
je 1–2 EL Sojasauce und
Obstessig
1 EL brauner Zucker
1 EL Pflaumensauce
Salz
weißer Pfeffer aus der Mühle
$1/4$ TL Kurkumapulver
2 EL Schnittlauchröllchen
2 Fladenbrote

1. Weiß- und Chinakohl vom
Strunk befreien und die Blätter in etwa 1 cm breite Streifen schneiden. Diese wa-
schen und abtropfen lassen.
Den Lauch der Länge nach
halbieren, abwaschen und in
Stücke schneiden.

2. Das Öl in einem Wok erhitzen und das Gemüse darin
unter Rühren braten.

3. Sojasauce, Obstessig, Zucker und Pflaumensauce darunter rühren. Das Gemüse
abschmecken und dann mit
dem Schnittlauch bestreuen.

Blumenkohl mit Kartoffeln

Für 2 Personen
Zubereitungszeit: ca. $1/2$ Stunde
480 kcal · 15 g Fett · 28 %

500 g Blumenkohl
400 g Kartoffeln
2 große Zwiebeln
2 EL Öl
5 rote, getrocknete Chilischoten
1 EL gemahlener Koriander
$1 \frac{1}{2}$ TL Kurkumapulver
$1/2$ TL Chilipulver
1 TL Garam Masala
$1/2$ TL Salz
2 EL gehackte Koriander-
blätter
2 Fladenbrote

1. Den Blumenkohl waschen
und in große Stücke schneiden. Die Kartoffeln schälen,
waschen und der Länge nach
in Spalten schneiden.

2. Danach diese beiden Zutaten mit wenig Wasser in
einem Topf mit Dämpfeinsatz
ca. 20 Minuten garen.

3. Die Zwiebeln schälen und
in feine Ringe schneiden. Das
Öl in einer Pfanne erhitzen
und die Zwiebeln darin leicht
anrösten.

4. Anschließend die Chilischoten kurz im heißen Fett
rösten, dann nacheinander
Koriander, Kurkuma, Chilipulver, Garam Masala sowie
Salz hinzufügen und alles gut
vermischen.

5. Den gegarten Blumenkohl
und die Kartoffeln unter die
Gewürzmischung geben. Wenn
nötig etwas Wasser dazugeben und das Ganze noch kurz
weiter rösten.

6. Zum Schluss die Korianderblätter auf das Gemüse streu-
en und das Gericht servieren.
(auf dem Foto)

TIPPS
*Als Beilage eignet sich das
typische Fladenbrot, das
„Chapati" sehr gut.
Würzen Sie dieses Gericht
zur Abwechslung noch mit
$1/2$ Teelöffel fein gehackter
Petersilie.*

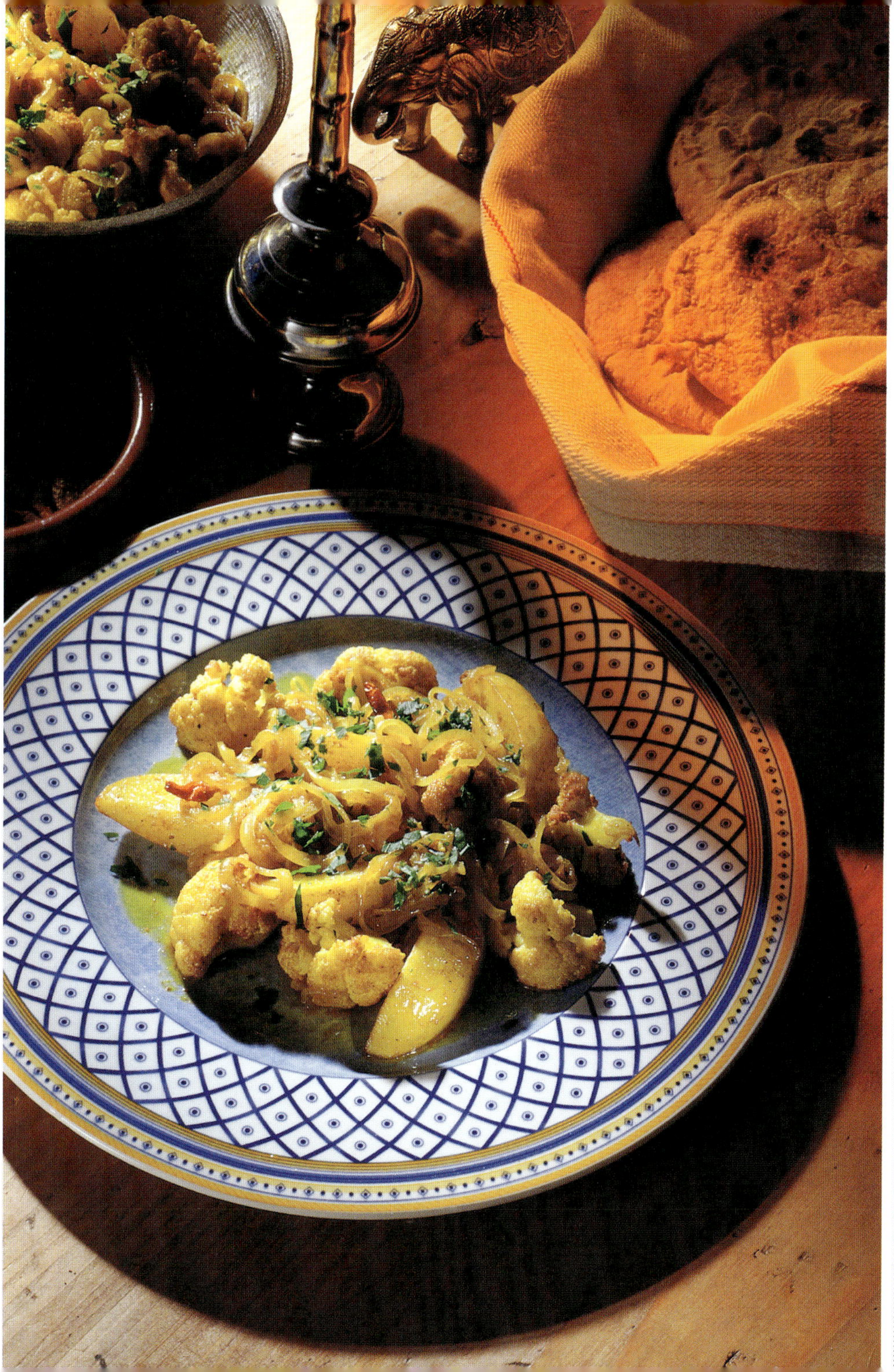

Gemüsereis

Für 2 Personen
Zubereitungszeit: ca. 2 Stunden
(davon Quellzeit: ca. 1 Stunde)
510 kcal · 8 g Fett · 14 %

1 1/2 getrocknete Mu-Err-Pilze
(chinesische Morcheln)
200 g Reis
1 1/2 getrocknete Tongupilze
(Shiitakepilze oder chinesische
Champignons)
1 Zwiebel
3 Knoblauchzehen
1 Stück frischen Ingwer (15 g)
1/2 rote Paprikaschote
1/2 grüne Paprikaschote
100 g Stangensellerie
75 g Bambussprossen (aus der
Dose)
2 EL Öl
75 g Sojabohnensprossen
2 EL Sojasauce
1 EL Fischsauce (Fertig-
produkt)
1 Hand voll Koriandergrün

1. Die Mu-Err-Pilze in lauwarmem Wasser etwa 1 Stunde
lang quellen lassen.

2. Den Reis in der eineinhalb-
fachen Menge Wasser in
etwa 20 Minuten gar kochen.
Die Tongupilze in lauwarmem
Wasser etwa 15 Minuten
quellen lassen.

3. Inzwischen die Zwiebel
schälen und fein würfeln, die
Knoblauchzehen ebenfalls
schälen und durchpressen.
Den Ingwer schälen und fein
hacken oder reiben.

4. Die Paprikaschoten putzen
und fein würfeln, den Sellerie
in feine Scheibchen und die
Bambussprossen in schmale
Streifen schneiden.

5. Die Pilze abtropfen lassen.
Die Stiele der Tongupilze entfernen, die Mu-Err-Pilze abspülen und alle Pilze in Streifen schneiden.

6. Das Öl in einer Pfanne erhitzen und die Zwiebeln darin
hellgelb werden lassen. Knoblauch und Ingwer hinzufügen
und 1 Minute unter Rühren
braten.

7. Nun Pilze, Paprika, Sellerie,
Sojabohnen- und Bambus-
sprossen hinzufügen und alles unter Rühren 5 Minuten
braten.

8. Zum Schluss den garen
Reis darunter mischen und
das Gericht mit Sojasauce
und Fischsauce abschme-
cken. Mit Korianderblättchen
bestreuen.

Lauchzwiebeln mit Reis

Für 2 Personen
Zubereitungszeit: ca. 40 Minuten
520 kcal · 7 g Fett · 12 %

200 g Langkornreis
4 Frühlingszwiebeln
2 TL Öl
1–2 EL Sojasauce
einige Spritzer Essig
etwas Salz
gemahlener Szetschuanpfeffer
nach Belieben

1. Den Reis entsprechend der
Packungsanweisung garen.
Inzwischen die Frühlingszwie-
beln putzen und in schmale
Ringe schneiden.

2. Das Öl in einem Wok erhitzen. Den Reis dazugeben
und alles einen Moment unter
Rühren braten. Sojasauce
und Essig hinzufügen und
das Ganze gut vermischen.

3. Die Frühlingszwiebeln dazugeben und darunter mischen.
Alles gut erwärmen, salzen
und pfeffern.

Gedämpfter Erbsenreis

Gedämpfter Erbsenreis

Für 2 Personen
Zubereitungszeit: ca. 1 Stunde
ca. 340 kcal · 4 g Fett · 11 %

¹/₄ l Gemüsebrühe
125 g Langkornreis
1 kleiner China- oder
¹/₂ kleiner Wirsingkohl
100 g Kirschtomaten
1 kleine gelbe Paprikaschote
125 g tiefgefrorene Erbsen
4 EL gehackte Petersilie

1. Die Brühe aufkochen, den Reis darin zugedeckt bei schwacher Hitze ausquellen lassen.

2. Den China- oder Wirsingkohl in einzelne Blätter zerlegen, äußere Blätter beiseite legen, den Mittelteil in feine Streifen schneiden.

3. Die Kirschtomaten halbieren. Die Paprikaschote gleichfalls halbieren und in feine Streifen schneiden. Beides mit Erbsen, Petersilie, dem fein geschnittenen Kohl und dem Reis mischen.

4. Das Dämpfkörbchen des Woks mit Kohlblättern auslegen, die Reismischung darauf geben.

5. Etwa ³/₄ Liter Wasser im Wok aufkochen, das Dämpfkörbchen hineinstellen. Den Deckel auflegen, den Reis etwa 15 bis 20 Minuten dämpfen.

Shiitake in Tomatensauce

Für 2 Personen
Zubereitungszeit: ca. ¹/₂ Stunde
580 kcal · 19 g Fett · 29 %

1 kleines Bund Frühlings-
zwiebeln
250 g frische Shiitakepilze
(ersatzweise Champignons)
2 EL Öl
300 g Tomatenfruchtfleisch
(Fertigprodukt)
Salz
frisch gemahlener schwarzer
Pfeffer
1 Bund Basilikum
50 g Mozzarella
200 g Bandnudeln

1. Die Frühlingszwiebeln klein schneiden. Die Pilze grob zerkleinern.

2. Das Öl im Wok erhitzen, die Zwiebeln darin anbraten. An den Rand schieben, dann die Pilze mit anbraten.

3. Inzwischen die Nudeln nach Packungsanleitung gar kochen.

4. Das Tomatenfruchtfleisch hineinrühren, alles mit Salz und Pfeffer würzen und noch einmal aufkochen.

5. Das Basilikum in Streifen schneiden. Den Mozzarella nicht zu fein würfeln. Beides in den Wok geben, alles kurz mischen und zum Schluss pikant abschmecken.

Nudeln mit Nagasakigemüse

Für 2 Personen
Zubereitungszeit: ca. 1 Stunde
540 kcal · 17 g Fett · 28 %

ca. 10 g getrocknete
Wolkenohrpilze
200 g Vollkornbandnudeln
Salz
300 g Frühlingszwiebeln
2 EL Erdnussöl
1 TL fein geriebener frischer
Ingwer
2 große reife Tomaten, in
Würfeln
1 gepresste Knoblauchzehe
1 TL Speisestärke
¹/₈ l Gemüsefond aus dem Glas
2 EL japanische Sojasauce
2 EL Sherry
etwas Pfeffer aus der Mühle
1 Spritzer Tabasco

1. Die Pilze in lauwarmes Wasser legen, etwa ¹/₄ Stunde quellen lassen und anschließend klein schneiden. Die Vollkornnudeln in leicht gesalzenem Wasser bissfest kochen. Die Frühlingszwiebeln in etwa 3 cm lange feine Streifen schneiden.

2. Das Öl in einem Wok erhitzen. Etwas Salz, Frühlingszwiebeln, Ingwer und Pilze hineingeben. Alles unter ständigem Rühren bissfest garen. Die Tomatenwürfel und den Knoblauch hinzufügen und kurz mitdünsten. Das Gemüse herausnehmen.

3. Stärke mit dem Fond verrühren, in den Wok geben und aufkochen lassen. Die Sauce mit Sojasauce, Sherry, Pfeffer und Tabasco abschmecken. Die Nudeln und das Gemüse darunter mischen und das Ganze erwärmen.

Scharfe Kidneybohnen

Für 2 Personen
Zubereitungszeit: ca. 1 ¹/₂ Stunden
(plus Zeit zum Einweichen:
ca. 10 Stunden)
450 kcal · 14 g Fett · 28 %

150 g Kidneybohnen
1 Zwiebel
1 Knoblauchzehe
2 cm Ingwer
1 Tomate
2 EL Öl
¹/₂ TL Chilipulver
¹/₂ TL Garam Masala
etwas Salz
1 EL gehackte Koriander-
blätter
300 g gedämpfter Reis
(z. B. Kokosreis, s. Seite 62)

Scharfe Kidneybohnen

1. Die Bohnen in reichlich Wasser für etwa 10 Stunden einweichen. Sie dann zusammen mit dem Einweichwasser in einen Topf geben und darin in etwa 1 Stunde weich kochen. Anschließend das Wasser abgießen.

2. Inzwischen die Zwiebel sowie die Knoblauchzehe schälen und fein hacken. Den Ingwer schälen, die Tomate waschen, putzen und dann beides in sehr kleine Würfel schneiden.

3. Das Öl in einer Pfanne erhitzen. Zwiebel, Knoblauch und Ingwer darin goldbraun braten. Sobald die Zwiebel braun ist, die Tomate darunter mischen.

4. Anschließend das Chilipulver, das Garam Masala, das Salz sowie die Bohnen hinzufügen und alles etwa 15 Minuten kochen lassen. Eventuell etwas Wasser dazugießen.

5. Vor dem Servieren die scharfen Kidneybohnen noch mit den gehackten Korianderblättern bestreuen.

TIPP

Anstelle der Korianderblätter können Sie auch etwa $^1/_2$ Esslöffel fein gehackte Petersilie hinzufügen. Sie verleiht den Kidneybohnen eine mildere Note.

LOW FETT 30-Tabelle

Lebensmittel	kcal [1] ca.	Fett- anteil in g/ 100 g ca.	Fett- kalorien in % ca.
Getreide- und Stärkeprodukte			
Basmati & Thai Reis, Uncle Ben's Reisspezialität	346	*in Spuren	++
Buchweizennudeln (soba) gekocht	132	1	++
Glasnudeln aus Mungbohnenstärke	345	*in Spuren	++
Indisch Curry, Uncle Ben's Reisspezialität	336	*in Spuren	++
Kartoffelstärke	330	*in Spuren	++
Knusperreisscheiben, Uncle Ben's	376	3	++
Reis unpoliert braun	350	3	++
Reis poliert weiß	356	1,3	++
Reis-Gebäck japanisch	430	8	17
Taro, roh	60	*in Spuren	++
Weizenmehl	370	1,7	++
Weizennudeln gekocht	101	*in Spuren	++
Weizennudeln getrocknet (hoshi udon) gekocht	93	*in Spuren	++
Wurzelstärke in Würfeln oder Nudelform	345	*in Spuren	++
Fertig-Gerichte, Imbiss, Snacks			
Asia Ein-Portionsgerichte, Maggi: Hühnerfleisch Shanghai, 350 g	360	12	30
Asia Ein-Portionsgerichte, Maggi: Schweinefleisch süßsauer, 350 g	400	13	29
Asia Restaurant, Bonduelle: chin. Gemüsepfanne	205	6	26
Asia, Tiefkühl. Maggi: Chop Suey, 250 g	220	4	16
Asia, Tiefkühl. Maggi: Bami Goreng, 250 g	190	1	5
Asia, Tiefkühl. Maggi: Nasi Goreng, 250 g	230	4	16
Asia-Nudel-Snack, Maggi: „Kari-Curry", 75 g	250	4	14

Lebensmittel	kcal [1] ca.	Fett- anteil in g/ 100 g ca.	Fett- kalorien in % ca.
„Sesam Rind" oder „Soto Ayam"			
Asia-Nudel-Snack, Maggi: „Chili-Garnele", 75 g	250	4	14
Asia-Nudel-Snack, Maggi: 5 Gewürze, 75 g	245	4	15
Asia-Nudel-Snack, Maggi: „Chili Laksa", 75 g	250	5	18
Asia-Nudel-Snack, Maggi: „Ayam-Huhn", 75 g	245	4	15
Asiatisches Reisgericht, Frosta: Chop Suey	117	3,7	28
Chin. Schweinefleisch süßsauer, bofrost	144	4	25
Chop Suey Ente, bofrost	100	1,7	15
Fix für China-Pfanne, Maggi, Beutel à 17 g	55	1	16
Mixedpickles, 50 g	10	*in Spuren	++
Reis-Snacks, Maggi: verschiedene Sorten, Beutel	260–315	3–8	9–27
Uncle Ben's Fix für Fleischpfanne Chin. Szechuan	69	*in Spuren	++
Uncle Ben's Fix für Fleischpfanne indisch Curry	65	1,4	19
Uncle Ben's Fix für Fleischpfanne Chin. süßsauer	88	*in Spuren	++
Saucen und Gewürze			
Indian Curry, Appel & Frenzel	84	*in Spuren	++
Mango Chutney, Appel & Frenzel	168	*in Spuren	++
Reiswein (seishi oder sake)	106	*in Spuren	++
Sashimi-Art (tamari)	76	*in Spuren	++
Soja Sauce	58	*in Spuren	++
Obst			
Ananas	56	*in Spuren	++
Banane	100	*in Spuren	++
Feige, frisch	50	*in Spuren	++
Guave	30	1	30
Litschi	80	*in Spuren	++
Mango	55	1	11

Lebensmittel	kcal [1] ca.	Fett-anteil in g/ 100 g ca.	Fett-kalorien in % ca.
Nüsse und Hülsenfrüchte			
Bohnen-, Mungbohnenkeimlinge (Lunja)	30	*in Spuren	++
Erbsen, grün, frisch oder tiefgekühlt	70	*in Spuren	++
Gerste-Malz-Sojabohnenpaste (mugi-Koji-miso)	198	4,3	20
Ginko Nüsse, gekocht	165	1,3	7
Reis-Malz-Sojabohnenpaste, dunkelgelb	186	5,5	27
Reis-Malz-Sojabohnenpaste, süß (kome-koji-miso)	217	3	12
Sojabohnenpaste (miso)	217	3	12
Sojasprossen	80	2	23
Milchprodukte			
Jogurt, 1,5% Fett	50	1,5	24
Kokosnussmilch	10	*in Spuren	++
Speisequark, mager	70	*in Spuren	++
Getränke			
Bitter-/Limonaden, 200 ml	40–120	0	0
Frucht- und Gemüsesäfte, 200 ml	55–140	0	0
Kaffee/Getreidekaffee/Tee ohne Milch/Zucker	0	0	0
Kaffee/Getreidekaffee/Tee mit Milch 1,5% Fett	10	0,25	23
Mineral-/Trink-/Tafel-/Heil-/Quellwasser	0	0	0
Gemüse/Kartoffeln und Pilze			
Aubergine	18	*in Spuren	++
Bambussprossen	18	*in Spuren	++
Blumen-/Rosen-/Weiß-/Wirsingkohl	22	*in Spuren	++
Bohnen, grün	32	*in Spuren	++
Chin. Pilze getrocknet	80	*in Spuren	++
Chinakohl	12	*in Spuren	++
Ingwer	35	*in Spuren	++
Kartoffel, süß, roh	123	*in Spuren	++
Kartoffel, weiß	77	*in Spuren	++

Lebensmittel	kcal [1] ca.	Fett-anteil in g/ 100 g ca.	Fett-kalorien in % ca.
Knoblauch	150	*in Spuren	++
Kürbis	36	*in Spuren	++
Lotoswurzel	66	*in Spuren	++
Mais	85	1	11
Möhre, Karotte	25	*in Spuren	++
Pilze, geputzte Ware, 200 g	20–50	*in Spuren	++
Schalotte, Zwiebel	36	*in Spuren	++
Schnittlauch	28	*in Spuren	++
Schwarzwurzel	15	*in Spuren	++
Zuckererbsenschoten	70	*in Spuren	++
Fleisch/Geflügel			
Kalb-/Schweinefleisch, mager, 125 g	120–130	1	7–8
Kaninchenfleisch, 125 g	190	4	19
Puten-/Truthahnbrust/-schnitzel, 125 g	130	1	7
Rindfleisch mager (Hüfte, Wade), 125 g	135	3	20
Schinken, gekocht, 30 g	40	1	23
Schweinefilet	134	4,5	30
Fisch und Meerestiere			
Austern, ausgelöstes Fleisch	105	1	9
Garnelen	93	0,7	7
Jakobsmuscheln	77	1,2	14
Kabeljau	70	0,5	6
Scampi (Langusten), ausgelöst	85	1	11
Seebrasse rot	112	3,4	27
Schrimps, ausgelöst	90	1	10
Tunfisch, mageres Fleisch	133	1,4	9
Tintenfisch (Calamares), unpaniert	110	1	8
Wellen- und Venusmuscheln	60	0,8	12

++ = Fettkalorien unter 1%   * in Spuren = Fett unter 1 g in 100 g Lebensmittel
[1] = Wenn keine andere Mengenangabe, bezieht sich der kcal-Wert auf 100 g Lebensmittel

Rezeptverzeichnis

Register

Im FALKEN Verlag sind zahlreiche Titel zum Thema „LowFat 30" erschienen.
Bitte fragen Sie überall dort, wo es Bücher gibt.

Sie finden uns im Internet: **www.falken.de**

Dieses Buch wurde auf chlorfrei gebleichtem und säurefreiem Papier gedruckt.

Der Text dieses Buches entspricht den Regeln der neuen deutschen Rechtschreibung.

ISBN 3 8068 2285 9

© 1999 by FALKEN Verlag, 65527 Niedernhausen/Ts.

Umschlaggestaltung: Peter Udo Pinzer
Gestaltung: Horst Bachmann
Redaktion: Elly Lämmlen
Bildbeschaffung: Karin Herty
Herstellung: Ulrich Klein
Umschlagfoto: Klaus Arras, Köln
Rezeptfotos: FALKEN Archiv, Niedernhausen, außer: Kikkoman: S. 29
Weitere Fotos im Innenteil: FALKEN Archiv, Niedernhausen

Satz: FALKEN Verlag, Niedernhausen/Ts.
Druck: Appl, Wemding

817 2635 4453 6271